10대라면 반드시 알아야 할
세계 근현대사

10대라면 반드시 알아야 할
세계 근현대사

초판 1쇄 인쇄 2025년 3월 21일
초판 1쇄 발행 2025년 3월 28일

지은이 홍수지

펴낸이 박세현
펴낸곳 팬덤북스

기획 편집 곽병완
디자인 김민주
마케팅 전창열
SNS 홍보 신현아

주소 (우)14557 경기도 부천시 조마루로 385번길 92 부천테크노밸리유1센터 1110호

전화 070-8821-4312 | **팩스** 02-6008-4318
이메일 fandombooks@naver.com
블로그 http://blog.naver.com/fandombooks

출판등록 2009년 7월 9일(제386-251002009000081호)

ISBN 979-11-6169-341-5 03900

10대라면 반드시
알아야 할

세계 근현대사

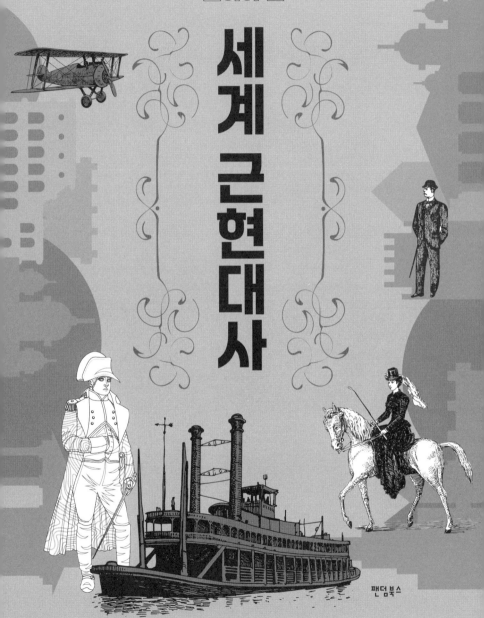

팬덤북스

근대란 무엇인가?

우리는 수많은 교과서와 책에서 근현대사라는 말을 심심찮게 접합니다. 교과서에는 매번 '근대 사회의 모습'이라는 말이 등장하고 '근대 사상'이라는 말도 등장하지요. 그렇다면 이 근대는 무엇이고 근대 사회나 근대 국가는 무엇을 의미할까요?

근대는 한자로는 근대 近代, 영어로는 Modern이라고 합니다. 아주 오래된 과거부터 비교적으로 가까운 시대까지를 말하는 것이죠. 우리는 고대, 중세, 근대, 현대로 나뉘어 역사적인 시기를 구분합니다. 일반적으로 고대는 선사시대를 포함하여 476년 서로마가 멸망할 때까지를 말합니다. 중세는 기원후 5세기 무렵부터 르네상스의 시기인 14세기에서 15세기까지를 의미합니다. 우리가 말할 근대는 그 이후부터 세계대전까지를, 현대는 세계대전 이후의 시대를 말하지요.

그렇다면 어떻게 중세와 근대를 구별할 수 있을까요? 중세사회는 사적인 친분이거나 유대관계를 중심으로 한 관계성이 중심이었습니다. 그래서 영주와 기사 사이에는 상호적으로 이해관계가 생겼습니다. 영주는 기사에게 보호를, 기사는 영주에게 충성을 약속해야만 했죠. 따라서 중세를 우리는 상호적인 계약관계를 바탕으로 한 봉건사회라고 합니다.

하지만 근대 사회가 오면서 이런 약속된 관계는 보다 발전되어

나타났습니다. 바로 지금의 우리 사회와 비슷한 월급 개념인 경제 제도가 등장하게 되죠. 다시 말해 돈에 의한 관계가 되는 것이랍니다. 쉽게 예를 들면 영주는 기사에게 월급을 주고, 기사는 그 월급에 해당하는 일종의 '노동력'을 제공해야 했죠.

이렇게 근대 사회가 오게 된 이유는 다양합니다. 우선 인구가 먼저 줄었습니다. 14세기 대규모 감염병인 페스트Pest, 흑사병로 유럽 인구의 3분의 1이 세상을 떠났습니다. 당시에는 지금과 같은 병원과 약이 존재하지 않았기 때문에 제대로 된 진료를 받지 못했으며, 지금 우리가 사용하는 치약, 비누, 마스크 등 위생용품이 존재하지 않기에 수많은 사람들이 죽었습니다.

다른 인구감소의 원인은 전쟁어었습니다. 14세기에서 주요한 전쟁으로는 백년전쟁1337~1453이 존재했습니다. 이렇게 전쟁으로 수많은 이들이 숨지자 봉건적인 질서, 다시 말해 중세적인 질서가 유지되기 어려워졌습니다, 인구가 줄어들면 기사들과 농노들의 노동력의 가치가 높아지게 되었습니다. 예를 들어, 중세사회에서는 영주 1명에 기사들과 농노들이 10명이었다면, 근대 사회로 넘어오면서 7명으로 줄어들었다고 보면 됩니다.

이렇게 되면서 지금까지의 방법으로 영주와 기사 및 농노들의 관계성은 유지되기 어려웠습니다. 기사 및 농노들은 줄어든 인구만큼 자신들의 가치를 알기 시작했고, 그렇게 알게 된 자신들의 가치를 중세 사회와 동일한 선상에서 두기 싫어졌습니다.

그렇기에 이들은 이제 영주에게 노동력을 제공하는 대신, 화폐를 요구했습니다. 다시 말해 영주는 화폐를 주고 기사와 농노들에게 일을 시켜야 했습니다. 하지만 화폐를 주었다면, 이를 회수하여 야만 이들에게 월급에 해당하는 것을 줄 수 있겠지요. 그렇기에 이 월급에 해당하는 것을 주었다면, 일부는 이제껏 이들이 영주에게 수확물로 낸 것처럼 이를 세금으로 내야 했습니다. 영주는 자신의 아래에서 노동을 하는 이들에게 돈을 주고, 그 돈을 받은 이들은 국왕 또는 영주에게 그 돈의 일부를 지금의 세금처럼 내는 관계로 변한 것이, 바로 근대 사회의 가장 중요한 변화 가운데 하나입니다.

또 다른 변화는 군사국가로 변했다는 것입니다. 중세 사회의 군대는 주로 활과 창, 칼로 싸우는 봉건 기병이었습니다. 또한 이들은 완벽한 직업군인은 아니었습니다. 십자군 전쟁에서도 볼 수 있듯이, 당시에는 모두가 직업이 군인이 아니라 수공업자도, 농민도 존재했습니다. 하지만 근대 사회에서는 이런 중세 사회와 달리 직업군인들이 등장했으며, 무기도 활과 창, 칼이 아닌 화약무기가 주로 사용되었습니다. 이런 화약 무기는 수많은 전쟁에서 활용되었습니다. 근대 사회로 넘어오면서 함선에 화포를 함께 실어 전투에 사용되기도 하였답니다.

또 이렇게 무기가 발전되게 된 이유로는 지정학적인 중요성을 인지하였기 때문입니다. 중세 사회만 하더라도 이 지역이 왜 중요한지, 어떻게 활용될 수 있는지에 대한 생각이 근대 사회에 비교하여 적었습니다. 하지만 근대 사회로 오면서, 사람들은 '이 지역을 우리나라가 점령하면 다른 나라를 쉽게 공격할 수 있을 거야!'라는 생각이 떠오르게 되었으며, 그 지역은 경제적으로 이점이 되거나 군사적으로 확장할 수 있는 교통의 요충지였습니다. 대표적인 예시가 바로 프랑스와 스페인의 영토확장에 대한 야망이 16세기를 전후한 시기에 일어습니다. 이러한 프랑스와 스페인의 영토전쟁에서 유일하게 살아남은 국가는, 바로 이탈리아의 수많은 도시국가들 가운데 베네치아입니다.

마지막의 변화는 바로 사상적인 변화입니다. 중세 사회는 기독교적인 사회로 유일한 신神을 정점으로 유지되는 사상적인 체계를 갖고 있었습니다. 모든 삶의 방향성이 모두 기독교에 맞춰져 있었지요. 대표적으로는 일요일이면 무조건 교회에 가야 했고, 십일조를 내야 했죠. 또한 종교를 목적으로 하는 전쟁이 긴 시간 동안 존재했습니다. 11세기 말에서 13세기까지 십자군 전쟁이 일어난 사실은 너무나도 유명하지요. 그야말로 기독교 중심 국가인 유럽과 이슬람교를 중심으로 한 튀르크의 대결이었습니다. 이 전쟁 참여를 독려하기 위하여 당시 대표적으로 우르바누스 2세 교황 등이 나서기도 했지요.

하지만 십자군 전쟁 이후 교황의 권위는 땅에서 떨어졌습니다. 전쟁에서 수많은 피해를 입은 국가들의 국왕들이 마음을 교회에서 다른 곳으로 조금씩 돌리기 시작했습니다. 교회를 따르던 이들 사이에서 '우리가 교회를 따라야 하는 필요성은 무엇인가?'에 대한 회의론이 들기 시작했습니다. 또 교황이 여러 명 존재하는 경우도 있었지요. 그렇기에 중세 사회에서는 '교황은 해, 황제는 달'이라는 이름까지 존재했지만, 근대 사회로 오면서 교황의 권위는 서서히 떨어졌습니다.

이렇게 떨어진 이유 중 하나는 인구감소도 한몫했습니다. 인구가 감소하자, 사람에 대한 생각을 하게 되었고 사람에 대한 중요성이 인식되었습니다. 다시 말해 사람이 바로 근본이라는 사상이자 이념인 인본주의로서 르네상스Renaissance가 등장했습니다. 르네상스에서 주로 등장하는 예술품 등에 대한 내용도 신보다는 사람에 집중한 것이 보이죠.

사상적인 변화에서의 중요한 사건은 바로 종교개혁입니다. 종교개혁은 기존 기독교의 부조리한 문제를 지적하면서 종교 자체에 개혁을 주어야 한다는 생각에서 등장한 것이랍니다. 지금 우리나라에서 흔히들 보는 성당이 중세 사회에만 하더라도 교회로 호칭되었습니다. 넓은 의미에서 교회는 오늘날의 성당과 교회를 합친 것이고, 좁은 의미에서 교회는 바로 종교개혁으로 등장한 것입니다. 이 종교개혁으로 단일한 기독교 사상이 존재했던 유럽 사회에는 루터와 칼뱅의 종교개혁으로 여러 종교분파가 탄생되었습니다. 결국 1648년 베스트팔렌 조약으로 개인의 종교적인 자유가 인정되었답니다.

자, 이러한 근대 사회의 다양한 변화는 사람이 중요해졌다는 점, 전쟁이 화약 무기를 중심으로 구성되었다는 점, 종교와 사상의 변화가 일어나고 있다는 점을 꼽을 수 있지요. 이런 근대 사회는 그렇다면 어떻게 변화되었을까요? 어떤 변화를 통하여 지금의 우리가 사는 세계사회가 되었을까요? 지금부터 근대와 현대 사회를 탐험해볼까요.

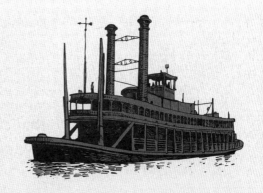

3장

1901~1945
제국주의의 팽창과 두 번의 세계대전

4장

1946~2000
현대의 시작과 예측할 수 없는 세계

1701~1800

1장

근대의 여명과 혁명의 물결

피 한 방울 흘리지 않은 명예로운 혁명, 영국혁명

다양한 배경 속에서 영국은 여러 계급이 성장했습니다. 특히 이 시기에 성장한 계급은 젠트리라는 계급입니다. 농촌의 장원제가 붕괴되는 과정에서, 자신의 땅을 갖고 있는 농민층을 말하는 요우먼과 지주층인 젠트리가 형성되었습니다. 이 젠트리는 인클로저 운동이라고 불리는 경제운동으로 막대한 부를 축적했습니다. 그 부를 기반으로 사회지도층이 되었고 의회에서 다수파가 되었지요.

젠트리는 부를 기반으로 성장한 신흥계층이었으며, 이 계층은 사회를 이끌어나가는 지도자가 되었답니다. 한 쪽에서는 다양한 시민계급들이 등장했습니다. 상공업의 성장으로 제조업자나 상인, 그리고 지식인층이라고 불리는 법률가 등의 계급이 대표적입니다.

이렇게 두 계급이 성장하면서 의회의 권리도 올라갔습니다. 의회는 당시 헌정질서에서 국왕을 자신들의 협조자로 간주하였습니다. 하지만 당시 국왕이었던 제임스 1세와 찰스 1세는 전제정치를 지속적으로 행했습니다. 다시 말해 영국혁명의 본질적인 시발점은 왕권과 의회의 대립이라고 볼 수 있습니다.

당시 영국에서는 국왕과 의회의 협조적인 관계에서 국정이 이

명예혁명으로
즉위한 윌리엄 3세

뤄졌기 때문에, 의회는 '의회의 승인 없이는 과세할 수 없다.'는 원리를 내세운 〈권리청원〉을 제출하여, 국왕의 권한을 제어하려고 했습니다. 하지만 찰스 1세는 이를 승인한 뒤, 의회를 해산해버렸습니다.

의회해산 이후 11년만에 찰스 1세는 스코틀랜드와의 전쟁에서 비용을 마련하기 위하여, 의회소집을 명령했습니다. 당시에는 의회의 동의 없이는 재정집행 등이 어려웠기 때문입니다. 하지만 의회에서 찰스 1세의 실정을 비판하는 움직임이 있었고, 의회는 과세 요구를 거부했습니다.

찰스 1세는 마음대로 의회가 움직여지지 않자 무력으로 의회를 탄압했습니다. 이윽고 찰스 1세를 따르는 왕당파와 의회를 따르는 의회파가 나뉘어 대립했습니다. 결과적으로 의회파를 이끄는 크롬웰의 군대가 네이즈비 전투에서 승리했습니다. 결국 찰스 1세는 처형당하고 크롬웰을 중심으로 공화정이 수립되었습니다.

정권을 잡은 크롬웰은 스스로 나라를 지키는 자라는 의미인 호국경으로 취임했습니다. 그는 청교도 윤리에 입각한 철저히 금욕적인 독재정치를 실시했습니다. 또한 그는 항해법을 제정했으며, 아일랜드를 정복한 뒤 사망했습니다. 크롬웰이 사망한 이후, 다시 왕정이 세워졌고 찰스 2세가 즉위했습니다.

찰스 2세 역시 앞선 국왕들과 마찬가지로 전제정치를 실시했습니다, 이에 의회는 심사법과 인신보호법을 제정하였습니다. 또한 찰스 2세를 계승한 제임스 2세 역시 전제정치를 지속하면서 구교인 가톨릭을 우대했습니다. 그는 의회의 동의 없이 국가재정을 확보하려 했습니다. 의회는 반대의 뜻을 내비추었고 네덜란드에 있던 윌리엄 3세를 영국으로 불러들였습니다. 이에 놀란 제임스 2세는 국외로 도망갔습니다.

그렇게 왕위가 비자, 의회는 메리와 그의 남편인 윌리엄 3세를 공동 왕으로 추대했으며, 1689년 〈권리장전〉을 약속받고 입헌군주제를 확립했습니다. 이렇듯 영국혁명은 '피 한 방울 흘리지 않은 명예로운 혁명'이라는 의미로 명예혁명이라고 부릅니다.

영국의 산업혁명과 인클로저 운동

2

　14세기부터 시작된 거대한 신항로의 개척 후 유럽 내부에서 두 가지의 움직임이 일어났습니다. 산업혁명과 인구증가죠. 따라서 '상품'대한 수요가 급격히 증가했습니다. 이처럼 상품에 대한 수요가 급증하자, 길드 체제로는 공급이 수요를 제대로 따라 잡을 수 없었습니다. 따라서 임금을 먼저 주고 상품을 나중에 받는 방식이나, 수공업자들을 한 장소에 모여서 일하는 방식 등을 취하면서, 서서히 자본주의가 싹을 틔우기 시작했습니다. 하지만 여전히 혁명으로 불릴 만큼의 큰 변화가 일어난 것은 아니었습니다.

　산업혁명은 이러한 움직임에서 한 단계 발전하였습니다. 기계가 만들어졌고 기술이 발달하였습니다. 산업혁명은 18세기 후반 영국에서 먼저 시작되었습니다. 영국은 정치적으로나 경제적으로나 이미 안정되어 있었습니다. 또한 풍부한 자원인 철과 석탄 등을 소유하고 있었지요. 인클로저 운동으로 농촌에서 도시로 모여든 노동자들은 과학과 기술을 중요시하는 태도를 갖추고 있었습니다.

　당시 영국의 주된 산업은 바로 면직물 산업이었습니다. 인도에는 이미 싸고 질 좋은 면직물이 생산되었기에, 이에 대응하고자 영

영국의 인클로저를 묘사한 18세기 지도

국은 기계화에 온 힘을 기울였습니다. 그 결과, 천을 만들어내는 방직기와 실을 뽑아내는 방적기가 만들어지면서, 면직물이 많이 생산되었습니다. 이렇게 공장에서 기계로 상품을 생산하는 시스템이 굳어지자, 수공업은 점점 쇠퇴하였습니다. 이에 공장의 효율적 관리 시스템이 자본주의 경제체제의 발전을 가속화시켰습니다.

이런 산업혁명이 가능했던 이유로 인클로저 운동을 꼽습니다. 인클로저 운동으로 농촌의 노동력이 도시로 집중되었기 때문에, 자본가는 그 노동력을 모아 산업혁명의 기초를 마련할 수 있었습니다. 제2차 인클로저 운동을 알기 전에 먼저 제1차 인클로저 운동을 알 필요가 있습니다.

제1차 인클로저 운동은 일명 '양떼 키우기'라는 목적으로 행해졌습니다. 당시 모직물 공업으로 양털가격이 오르자 농경지를 양을 키우기 위한 목초지로 변경했습니다. 그러자 해당 농경지에서 삶을 이루고 있던 농경민들은 농촌에서 도시로 일자리를 찾아서 떠나게 되었습니다. 그 농경민들은 자본가에 의해 도시에서 노동자가 되었습니다.

제2차 인클로저 운동은 반대로 대농장을 만들기 위해 전개되었습니다. 당시 곡물가격이 오르자, 자본가가 농민들의 토지를 사들여 경영함으로써 자급자족적인 농업에서 자본화된 농협으로 탈바꿈했습니다. 이 당시 농민들 역시 제1차 인클로저 운동과 비슷하게 도시의 노동자가 되었습니다. 두 차례의 인클로저 운동으로 산업혁명에 필요한 노동인력이 제공되면서, 자본주의가 점점 확대되기 시작했습니다.

3

스페인
왕위계승 전쟁

1700년, 스페인을 지배하고 있던 국왕인 카를로스 2세가 세상을 떠났습니다. 하지만 그에게는 후계자가 존재하지 않았습니다. 따라서 프랑스 국왕이었던 루이 14세의 손자인 필립에게 왕위를 물려주고, 필립은 펠리페 5세로 즉위했습니다.

이 당시 가장 중요한 외교는 바로 새로운 무역시장을 개척하는 것이었습니다. 이른바 신대륙 무역확보는 전략적인 면에서 프랑스와 스페인의 연합을 반대하는 나라들이 모이면서 쟁점화되었습니다. 영국, 네덜란드, 그리고 자신이 스페인의 왕위계승권을 갖고 있다고 주장하는 오스트리아, 이 세 나라는 서로 동맹을 맺고 프랑스와 스페인에 선전포고를 하였습니다.

오스트리아가 왕위계승권자로 내세운 이유는, 당시 신성로마제국의 황제였던 레오폴트 1세가 자신의 아들인 카를로스 대공 역시 왕위계승권자라고 주장했기 때문입니다. 이에 오스트리아 역시 전선에 투입되었습니다. 한편 포르투갈이 오스트리아의 편에 서게 되었는데, 그 조건으로 스페인과의 국경선 인근지역을 포르투갈의 영토로 편입해달라고 요구했습니다.

스페인 왕위계승 전쟁 당시 벌어진 비고 만 해전

전쟁의 양상은 유럽, 인도 등 당시의 식민지까지 확대되었으며, 세 나라에게 유리하게 전쟁의 양상이 흘러갔습니다. 전쟁 초반에는 프랑스군의 공격으로 영토를 빼앗기는 위기가 있었지만, 결국 여러 전선에서 프랑스는 패배하고 말았지요. 그 결과, 위트레흐트 조약으로 이 전쟁은 마무리되게 됩니다.

4

위트레흐트 조약

위트레흐트 조약은 네덜란드의 위트레흐트라는 지역에서 체결
된 조약을 말합니다. 이 조약으로 스페인 왕위계승 전쟁은 매듭 짓
게 되었습니다. 이 조약의 대상이 되는 나라는 프랑스, 스페인 그리
고 이 두 나라와 맞선 영국, 프로이센, 포르투갈 등이었습니다.

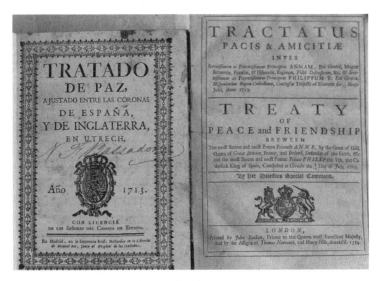

1713년 스페인어로 쓰인 위트레흐트 조약 초판

이 조약의 결과로, 펠리페 5세가 스페인의 왕위를, 앤 여왕이 영국의 왕위를 승인받았습니다. 한편 전쟁에서 이긴 영국은 프랑스에게서 허스든만 등의 미국 식민지 일부를, 스페인에게서 지브롤터 등의 섬을 받았습니다. 전쟁에서 진 프랑스와 스페인은 네덜란드의 상업적인 특권을 승인해야만 했습니다.

프로이센은 프랑스에게서 게르데른의 지역을, 스위스의 일부 지역을 받았습니다. 한편 포르투갈의 식민지였던 브라질의 공식적인 인정도 이 조약을 통하여 이뤄졌습니다. 이외 사부아는 시칠리아를 획득했습니다.

승리한 영국이 가장 많은 식민지를 얻었으며, 국제적으로 프랑스보다 영국이 우위에 있다는 것을 인정받게 되었습니다. 또한 이전과 이후의 수많은 조약으로 독일과 프랑스는 국경을 확정하였습니다.

5 프로이센 왕국의 성립

17세기 이후, 프로이센에서 대선제후 프리드리히 빌헬름은 각종 종교전쟁의 피해를 복구하기 위해서 노력했습니다. 종교전쟁에서 프로이센 역시 그 피해를 벗어나지 못했습니다. 당시 피해를 입은 영토를 복구하면서, 절대왕정체제를 만드는 데에 노력했습니다. 또한 기존의 귀족세력과 이주민 세력 등 신흥세력들을 서로 융화할 수 있는 정책을 시행하기도 했습니다.

그의 아들인 프리드리히 1세는 프로이센 왕의 칭호를 받았으며 유럽의 강대국이 될 준비를 마쳤습니다. 그는 절대왕정을 더욱 강화하고 조직적인 체계를 갖추었습니다. 이후 계승한 프리드리히 2세 역시 아버지를 닮아 다양한 국가발전정책을 지속적으로 이행했습니다.

특히 7년 전쟁 복구 이후 공업을 육성하기 위하여, 관방학인 상업을 중시하는 정책을 시행하였습니다. 그 정책은 수입을 낮추고 수출을 올리며, 자급자족적인 경제 시스템을 갖추는 것이었습니다. 사법적으로는 그간 자행되어온 고문을 없앴으며, 항상 존재해야 하는 군대인 상비군을 더욱 강력하게 만들었습니다.

프리드리히
빌헬름 2세

　계몽사상을 좋아하던 프리드리히 2세는 볼테르를 존경했으며,
그 영향으로 계몽전제군주를 자처하였습니다. 그는 스스로를 '국
가 제일의 공복'으로 부르며, 늘 정무에 전념하였습니다. 또한《반
마키아벨리론》을 쓸 정로로 마키아벨리 사상을 반대했으나, 실상
은 정반대였습니다. 오히려 그는 전제군주를 자처하면서 귀족층
의 지배권을 인정하는 등 전제정치의 구조를 더욱 공고히 하였습
니다. 따라서 프로이센은 군국주의와 함께 전제군주제와 관료제를
갖춘 국가였습니다.

6 오스트리아 왕위계승 전쟁

오스트리아 왕위계승 전쟁은 프리드리히도 역시 깊게 관련되어 있는 사건이었습니다. 당시 오스트리아는 왕조 시스템의 문제로 핵심세력부터 이민족까지 모여 있는 이질적인 왕조국가였습니다. 스페인의 합스부르크 왕관을 프랑스 부르봉에게 넘겨주기는 했지만, 여전히 당시 유럽에서 강대국이었던 점은 부인할 수 없었습니다.

하지만 오스트리아의 왕위계승법에 따르면, 여성의 상속을 금지하는 게르만법을 유지하는 세력이 존재했습니다. 당시 황제 칼 6세에게는 딸 마리아 테레지아만 남게 되었습니다. 따라서 칼 6세는 자신의 딸이 왕좌를 계승받기 위하여, 여러 조약을 체결하는 등 많은 노력을 기울였습니다. 결국 마리아 테레지아는 칼 6세가 사망한 후 왕위를 계승받았지만, 정작 칼 6세의 노력을 인정하려는 나라가 없었습니다.

한편 스페인은 섬유공업이 발달되고 자원이 풍부한 슐레지엔을 점령하였습니다. 이처럼 영토확장을 위해서 많은 나라들이 전쟁에 뛰어들었습니다. 프랑스와 스페인은 프로이센의 편이, 영국은 오

마리아 테레지아

스트리아의 편이 되었습니다.

하지만 이 전쟁은 유럽에서만 일어난 사건이 아니었습니다. 세계 각국의 나라가 뛰어들면서, 전쟁은 영국과 프랑스의 패권싸움으로 변질되었습니다. 해외에서의 전투는 승리국과 패전국으로만 결정되지 않았습니다. 현상을 잘 유지하겠다는 엑스 라 샤펠 조약이 결정되었으며, 마리아 테레지아는 오스트리아 왕위계승권을 인정받았습니다. 한편 프로이센은 슐레지엔에 대한 권리를 인정받았습니다.

7년 전쟁

7년 전쟁을 알아보기 전에, 이전에 얼마나 많은 외교관계의 변화가 일어났는지를 알아보아야 합니다. 당시 가장 큰 변화는 오스트리아의 왕위계승 전쟁 과정에서, 프로이센이 유럽 중앙의 강대국으로 등장한 것에 위협을 느낀 프랑스가 동맹을 맺은 사건입니다. 당시 프리드리히를 싫어했던 러시아의 엘리자베스는 프랑스와 오스트리아 진영과 함께하자, 프리드리히는 영국에 접근했습니다. 영국은 이해관계가 맞아 프로이센과 동맹을 맺을 수 있었습니다. 여태껏 맺어왔던 동맹관계가 아닌, 다른 외교관계들이 7년 전쟁을 앞두고 개편되기 시작했습니다.

한편 이 전쟁은 다른 성격도 가지고 있었습니다. 각 대륙에서 벌어진 세력쟁탈전과 프랑스와 영국이 식민지를 두고 싸우는 전쟁이었습니다. 프리드리히는 프랑스군과 오스트리아군, 그리고 러시아군과의 전투에서 각각 승리를 거두었습니다. 그러나 프로이센의 수도인 베를린에 위기가 찾아왔습니다. 영국은 재정적인 지원만 했을 뿐 사실상 군사적으로 프로이센에 큰 도움이 되지 않았습니다.

7년 전쟁 당시 전선을 시찰하는 프리드리히 대왕과 참모들

　러시아에서 프리드리히에게 우호적인 이가 즉위하면서 러시아 군을 물리면서, 프로이센과 강화를 체결했습니다. 따라서 프로이센을 적대시하는 이들은 무너졌으며, 프로이센의 슐레지엔 영유가 인정되었습니다. 영국은 해상전쟁과 식민지전쟁에서 우위를 점하였으며, 프랑스에게서도 승리를 거두었습니다.

　한편 프로이센은 7년 전쟁으로 또 하나의 강대국이 되었습니다. 7년 전쟁을 매듭짓기 위하여 체결한 파리 조약에서, 프로이센은 프랑스와 스페인에게서 많은 영토를 받았습니다. 결과적으로 프로이센은 압도적인 지배권을 인정받음은 물론, 식민지 제국이 되었습니다.

8 표트르 대제의 러시아

러시아에는 두 명의 개혁적 군주가 존재했습니다. 표트르 대제와 예카테리나 2세가 바로 그 인물들입니다. 표트르 대제 이전의 러시아는 서유럽에 비하여 개혁이 늦었습니다. 당연히 발전도 늦어졌죠. 표트르 대제는 서유럽이 어떻게 발전했는지를 알기 위해서, 직접 서유럽 여러 나라를 돌아다니면서, 발전된 모습을 직접 보고 기술이 어떻게 탄생했는지 등을 배웠습니다.

그러한 경험을 토대로 러시아 국왕이 된 표트르 대제는, 러시아의 개혁과 국방력을 올리고자 군비확장을 계획했습니다. 이를 위하여 서유럽의 문화를 정착하고 보급하는 데 힘썼습니다. 물론 이런 서유럽화에 대해 보수주의 세력은 불만을 가졌지만, 표트르 대제는 이러한 불만들을 잠재웠습니다. 한편 종교적으로는 수좌대주교제도를 폐지하고, 황제인 본인이 직접 종교회의를 주관하게 되었습니다.

또한 시베리아 지역의 경제적 발전을 위하여 청나라와 네르친스크 조약을 체결한 뒤, 국경선을 정하였습니다. 또한 러시아의 세력권을 넓히기 위하여, 스웨덴을 공격하여 발트 해로의 진출을 성

표트르 대제

공하였습니다. 이후 상트페테르부르크를 수도로 정했습니다.

이런 전쟁수행과 국가발전에는 돈이 필요했습니다. 따라서 표트르 대제는 세금을 많이 거두기 위해 새로운 세금제도인 인두세를 만들었습니다. 유럽의 선진기술을 도입했으며, 외국에서 기술자를 초빙했으며, 제조업자와 상공업자에게 주는 혜택을 확대했습니다. 그러나 이러한 노력 덕분에, 러시아는 유럽의 경제체제에 서서히 편입되게 되었습니다.

표트르 대제 이후 18세기 말, 예카테리나 2세는 스스로를 '계몽전제군주'로 칭하면서 내정을 개혁하였습니다. 이를 위하여 당대 수많은 계몽주의 학자들과 교류를 했으며, 그들이 쓴 책을 본인이 먼저 읽어보는 등의 노력도 기울였습니다. 볼테르와 달랑베르가 대표적입니다.

대외적으로는 유럽과 흑해로 진출했습니다. 유럽에서는 프로이센과 오스트리아와 힘을 합쳐 폴란드를 분할하여 점령했으며, 흑해에서는 튀르크와 싸워서 자유로운 항해를 할 수 있는 권리와 여러 항구로 통과할 수 있는 권리를 얻었습니다.

러시아의 농노들이 반란을 일으켰을 때, 행정구역을 개편하여 지방에서의 전제정치를 실현했습니다. 한편 예술과 문학을 장려하였습니다. 이런 개혁군주로서 예카테리나 2세는 표트르 대제와 함께 근대 러시아를 발전시켰습니다. 하지만 그녀의 이런 노력에도, 러시아에는 지배구조상 지배층과 피지배계층의 갈등이 여전히 남아 있었다는 한계점도 분명히 존재했습니다.

9

폴란드 분할

17세기부터 18세기까지 폴란드는 주변 강대국들의 침입을 받아왔습니다. 동쪽으론 러시아, 서쪽으론 프로이센이라는 강대국이 존재했습니다. 게다가 러시아와는 문화적 차이도 있습니다. 인종적으로는 같은 슬라브인이지만, 러시아는 정교회를, 폴란드는 가

폴란드 분할을 묘사한 당시의 풍자화

톨릭을 믿었습니다. 다시 말해 폴란드는 구교의 문화가 존재했던 나라였습니다. 따라서 러시아보다는 유럽과 문화적 동질감이 더 짙었습니다.

14세기부터 16세기까지 폴란드도 영토확장을 이뤄냈지만, 17세기부터 러시아, 스웨덴, 튀르크 등 수많은 강대국들의 등장으로 폴란드의 국력은 쇠퇴하기 시작했습니다. 그 원인으로 꼽히는 것은 다양하지만, 결정적으로 폴란드의 지리적인 요건도 한몫했습니다. 폴란드의 영토는 강을 끼고 있는 평야지대라서 자연적인 방어가 힘든 개방된 지역이었습니다. 따라서 폴란드는 주변국들이 공격하기 용이하다는 지리적인 단점을 지닌 국가였습니다.

한편 결정적 단점은 폴란드의 선거제도에 있었습니다. 당시 폴란드 군주는 선거로 선출되었는데, 결국 귀족들이 군주의 권한을 제어하는 데 힘을 가질 수 있었습니다. 사실 귀족들이 원하는 군주는 강력한 군주는 아니었습니다.

따라서 왕권이 약화되었고 사실상 권력은 귀족들이 구성하는 의회에 존재했습니다. 의회의 귀족들은 거부권을 갖고 있었기에, 국왕이 주도하는 효율적인 의회운영이 힘들었습니다. 이러한 상황에서, 폴란드 정치는 귀족들의 이기주의적인 의회운영으로 통합되지 못하고 분리되는 양상을 보였습니다.

이런 상황에서 강대국들이 서로 분할을 시도했을 때에 폴란드는 무력화될 수밖에 없었습니다. 결국 프로이센, 오스트리아, 러시아 등 각국이 폴란드의 영토 4분의 1를 분할하였습니다. 귀족들은 뒤늦게라도 저항하려고 했지만, 때는 이미 늦었습니다. 결과적으로 폴란드는 멸망하고 말았습니다. 물론 독립하고자 하는 움직임이 전혀 없었던 것은 아니지만, 폴란드의 독립은 제1차 세계대전이 종전된 이후에나 가능했습니다.

미국독립혁명

미국을 포함한 여러 나라의 독립혁명은 7년 전쟁 이후 영국에 대한 일종의 저항에서 시작되었답니다. 지속적인 전쟁으로 영국정부에게는 여러 개혁이 필요했습니다. 또한 영토가 거대해지자, 식민지에 대한 통치력을 강화하기 위해서 식민지에 세금을 부과하여 자국의 비용을 충당하려고 했습니다. 따라서 이를 위해 영국은 모든 문서에 '인지'를 붙여 세금을 거두었습니다.

하지만 당시 미국의 식민지의회는 식민지 과세를 납부할 수 있다고 주장했습니다. 이는 식민지의회가 실제적인 통치권을 가지던 시기였기에 가능했습니다. 또한 의회구성도 식민지인들이 주로 구성하였기 때문에, 이런 정치적인 경험이 영국의 부당한 과세를 대응하는 데 밑거름이 되었습니다. 이러한 저항에 영국은 모든 세금부과를 철회하였지만, 차에 대한 관세는 남겨두었습니다. 이에 불복한 식민지인들은 배에 올라타 동인도회사의 차를 바다에 던져버린 사건이 발생했습니다. 그것이 바로 보스턴 차 사건입니다.

위기를 느낀 영국은 여러 가지 법으로 식민지인들을 강제하려고 하였으며, 이에 반발한 식민지인들은 민병대를 조직하여 저항

조지 워싱턴

하였습니다. 결국 1774년, 12개 식민지의 대표 56인은 필라델피아에서 대륙회의를 개최하여, 영국이 강제한 법들을 철회하여 달라고 요청하였습니다. 그러나 그들은 영국에게서 제대로 된 답을 얻지 못했습니다.

대륙회의는 점차 영국과 결별하고자 하였으며, 결국 1776년 7월 4일, 〈독립선언서〉를 채택하고 발표하였습니다. 이 〈독립선언서〉는 평등과 생명과 자유, 그리고 행복을 추구할 권리는 양도할 수 없는, 신이 준 권리라고 규정하였습니다. 이것은 여러 주들의 헌법과 권리선언은 물론, 세계 각국 주요한 헌법과 법률의 기초가 되었습니다.

이 독립의지는 전쟁으로 이어졌으며, 식민지 미국과 제국주의 영국 사이에서 누가 승리를 쥘지는 가늠하기 어려운 상황이었습니다. 그렇게 전쟁을 이어가던 1777년, 전투는 하나의 전환점이 되었습니다. 영국군이 미국군에게 참패를 당하는 것은 물론, 전투 이후 미국은 프랑스의 원조를 받았습니다. 한편 스페인도 네덜란드와 동맹을 맺고 영국에 맞서 참전하였습니다. 결과적으로, 영국은 요크타운에서 패배함으로써 심각한 타격을 입었습니다. 이 전쟁은 2년 동안의 협상 끝에 파리 조약으로 종결되었습니다.

11 프랑스 혁명과 인권선언

　프랑스 혁명이 촉발되기 시작한 결정적인 원인은, 루이 16세가 프랑스의 재정적인 위기를 극복하기 위하여 소집한 삼부회_{삼신분회}였습니다. 삼부회란, 제1신분인 성직자, 제2신분인 귀족, 제3신분인 평민이 모이는 일종의 회의집단입니다.

　당시 프랑스는 여러 전쟁으로 재정이 악화되었습니다. 그럼에도 제1신분과 제2신분은 세금을 내지 않아도 되는 특권을 누렸습니다. 반면 세금을 내는 신분은 바로 제3신분이었지요. 당시 프랑스에는 제3신분이 상위 신분으로 상승하는 데 매우 제한이 있는 신분제의 폐쇄성까지 존재했습니다. 게다가 당시 유럽은 흉작과 혹한으로 농사를 짓기 어려운 상황 때문에, 제3신분의 어려운 삶은 이루 말할 수 없었습니다.

　시예예스 신부는 《제3신분이란 무엇인가》에서 '제3신분은 전부'라고 평가했습니다. 다시 말해 면세 등의 특권을 누리던 신분들이 그 특권을 잃게 된다면, 제3신분은 자유와 번영을 누리게 된다는 결론입니다. 결국 제3신분은 특권을 누리던 제1신분과 제2신분을 제외한 모든 국민이라는 의미입니다.

테니스코트의 선서

　제3신분을 구성하는 직업군도 다양했습니다. 금융업에 종사하는 이들, 연구를 하는 교수, 농사를 짓는 이들, 제조업에 종사하는 이들 등 수많은 직업군들이 제3신분을 구성했습니다. 따라서 제3신분은 그 직업군에 따라서도 요구사항이 각기 다름을 유추해볼 수 있습니다.

　이처럼 세 신분이 모인 삼부회는 1614년에 마지막 회의를 가진 뒤, 오랜만에 회의를 하게 되었습니다. 하지만 삼부회는 투표방법으로 갈등을 빚었습니다. 제1신분과 제2신분은 신분에 따른 기존의 표결방식을, 제3신분은 머릿수 표결방식을 원했습니다. 기존 투표방식대로 하면, 표결결과가 제1신분과 제2신분에게 유리하게, 머릿수 표결을 하면 제3신분에게 유리하게 결론이 날 것은 분명했습니다.

　하지만 제3신분의 요구는 수용이 되지 않았습니다. 이에 제3신분은 국민의회를 만들고, 당시 귀족 스포츠로 여겨진 테니스를 치던 곳에서 선서를 하였습니다. 이것이 테니스코트의 선서입니다. 이는 모두를 위한 헌법을 만들고자 하는 강력한 의지를 드러 냈다고 볼 수 있습니다. 결과적으로, 국왕 루이 16세가 이를 인정하 면서, 상위 신분들이 동참하면서 헌법을 만들 수 있는 의회가 되었습니다.

제3신분은 전제정치의 특권이 없는 사회를 원했습니다. 전제 정치의 상징적인 공간이라고 할 수 있으며, 당시 정치범으로 분류 된 이들이 수감된 바스티유 감옥을 습격하는 등 특권계층에 대한 붕괴, 전제정치에 대한 타도의지를 행동으로 명확하게 드러냈습니다.

이런 의지는 그들의 개혁과 선언에서도 볼 수 있습니다. 국민의 회는 봉건제 폐지를 선언했으며, 사실상 특권계층의 특권이라고 할 만한 법들을 폐지했습니다. 하지만 아쉬움도 남는데, 제3신분이 영주에게 납부하던 세금은 남겨두었습니다. 이 세금은 국민공회에 가서야 폐지되게 됩니다.

국민의회는 헌법과 시스템의 기본적인 뿌리를 만들기 위하여, '인간과 시민의 권리선언인권 선언'을 선포하게 됩니다. 이 인권선언 은 모든 인간이 누려야 하는 자유와 평등과, 저항에 대한 자연권을 다루고 있었습니다. 아울러 정부나 국가는 이 자연권을 존중하고 지키는 역할을 수행해야 한다고 설명합니다.

하지만 모든 이들에게 자유와 평등이 주어진 것은 아니었습니다. 잇따라 나온 선거법에 따르면, 이 자유와 평등을 얻기 위한 조건이 바로 소유권에 있었습니다. 다시 말해 '세금을 얼마나 납부 하는가?'에 따라 자유와 평등의 소유권이 달리 주어졌습니다. 결국 부유한 계층에게만 이 자유와 평등이 주어졌습니다. 이 인권선언 은 보편적인 자유와 평등을 추구했지만, 정작 계급적인 의미를 지 니고 있다고 볼 수 있습니다. 결국 1791년, 국민의회는 입헌군주정 과 제한적인 자유와 평등을 헌법으로 제정했습니다.

당시 프랑스 민중은 다양한 권리를 요구하고 거리로 나왔으며, 민중이 정치적인 주체가 되기를 바랐습니다. 이런 혼란한 정국에서 국왕 루이 16세는 가족을 데리고 오스트리아로 탈출을 시도하는 바렌느 사건을 일으켰습니다. 자신의 아내며 왕비 마리 앙투아네트가 오스트리아 국왕의 딸이었기에 그곳으로 향하려고 했던 것입니다. 하지만 이 탈출은 실패하고 맙니다.

한편 프랑스 혁명의 움직임이 자기 나라에도 일어나지 말라는 법은 없다고 생각했던 오스트리아와 프로이센은, 프랑스에게 위협을 가했습니다. 한 나라에서 벌어진 반봉건적인 움직임이었지만, 당시 프랑스가 유럽에서 영향력이 있는 나라였기에 주변 나라들은 혁명의 위기감을 갖고 있었습니다. 혹시나 자신들의 나라에도 불똥이 튈까 봐요.

12 프랑스의 제1공화정 선포

프랑스에서 혁명의 움직임은 서서히 과열되기 시작했습니다. 파리에서는 국왕 루이 16세를 퇴위시켜야 한다는 목소리도 높아졌습니다. 이미 여러 전쟁에서 프랑스의 패배를 목격한 민중들은 더욱 분노가 쌓였습니다. 이런 분노는 혁명세력들 가운데 온건파의 세력을 약화시키고, 급진파의 목소리가 높아지게 하는 원인으로 작용했습니다.

이 당시, 민중을 흔히 상퀼로트라 불렀습니다. 이 상퀼로트는 특권층이 입는 바지가 아닌, 일반 노동자가 노동을 할 때에 입는 긴 통바지를 말합니다. 다시 말해 제1신분과 제2신분 그리고 제3신분 가운데 부르주아로 불리는 계급을 제외한, 이 긴 통바지를 입고 일하는 제3신분을 비유하는 말입니다. 이들이 바라던 세상은 자신이 일하는 곳의 주인이 되는 것이었습니다. '내 공장에서 일을 하는 것', '내 농장에서 농사를 짓는 것'이 이들이 원하던 모습이었답니다.

이들은 정치적으로도 민중이 주권을 행사해야 한다는 신념을 가졌습니다. 이러한 신념은 결과적으로, 1793년 급진세력이 권

인권 및 시민의
권리선언을 표현한
장 자크 프랑수아 르
바르비예의 그림

력을 얻으면서 대다수 헌법에 의거한 권리로 인정을 받았습니다. 1793년은 1791년의 제한적인 권리인정과 달리, 모두가 평등하게 권리를 누리는 것이 정부수립의 이유가 되었습니다. 하지만 이들에게도 여전히 아쉬움은 존재했습니다. 당시만 해도 여성은 권리의 주체에서 여전히 소외당했습니다. 1791년과 1793년의 두 헌법에서 권리를 보장받는 민중의 대상은 바로 성인 남성이었습니다.

이들 급진파가 주도하는 1793년부터 1년도 채 안 되는 시기를 공포정치라고 부릅니다. 이 공포정치를 주도한 급진파의 대표적인 인물이 로베스피에르입니다. 이 공포정치로 프랑스 혁명정국은 새로운 전환점을 맞습니다. 이는 당시 프랑스의 어지러운 정치적 혼란과 불안을 보여주는 것입니다. 그 원인으로 많은 봉건국가들과 전쟁을 거듭한 것도 있지만, 봉건제를 원하는 일부 도시의 반란도 한몫했습니다.

프랑스 남쪽에 있는 항구 툴롱이 봉건제를 원하는 이들과 영국에게 정복당하자, 상퀼로트는 혁명에 반하는 세력을 체포하고 혁명재판소를 통해 두려움에 떨게 만드는 분위기를 만들었습니다. 그래서 이 당시 정치체제를 공포정치라고 부릅니다.

이 공포정치는 정치적 사안뿐만 아니라 경제적인 제도에도 압력을 가했습니다. 제품가격을 정하는 제도인 '공정가격제'를 기존의 제품 외에도 임의로 더 많은 제품으로 확대했습니다. 파리에서 행정단위별로 혁명위원회를 마련하여, 가게들이 이 공정가격제를 제대로 지키고 있는지를 감시했습니다. 이것이 제대포 지켜지지 않는 가게들을 수색하기도 했습니다. 심지어 혁명군대세력은 농민들에게 곡식을 징발하는 일까지 벌이기도 했습니다.

한편 프랑스 내에서 혁명반대세력의 군사적인 움직임은 진압되었으며, 반혁명세력으로 뭉친 국가들은 대부분 프랑스 국경에서 격퇴되었습니다. 하지만 프랑스 국내에서는 정쟁과 무력적 행동은 여전히 지속되었습니다. 공포정치를 이끌던 이들은 온건파와 반대세력들을 차례로 처형하였습니다. 급기야 혁명재판소의 권한은 더욱 강해지면서, 사법의 힘은 무기력해졌습니다.

하지만 로베스피에르의 공포정치는 오래가지 못했습니다. 결국 급진세력들은 분열되었으며, 이들의 숙청에서 살아남은 다른 세력들이 힘을 합쳤습니다. 그 결과, 로베스피에르는 모든 실권을 잃었으며, 그 역시 숙청당하게 됩니다. 로베스피에르의 숙청 이후, 그의 산물인 공정가격제과 경제제제정책은 모두 철폐되었습니다. 그로인해 식료품의 가격이 급격히 오르고 식량위기가 도래했습니다.

이는 민중의 생활에 어려움을 가져왔습니다. 반면 부유한 이들의 삶은 다시 원점을 되찾았습니다. 다시 말해 로베스피에르 이전으로 되돌아갔다고 보아도 무방합니다. 결국 1795년의 봄, 이런 생활고를 겪던 민중에게 기근이라는 악재까지 덮쳤습니다. 그러자 민중은 1793년 제정된 헌법과 빵을 요구하였지만, 진압당하고 맙니다.

결국 다섯 명의 총재가 이끄는 총재정부가 탄생되었습니다. 이 총재정부는 1791년의 헌법을 따라 세금을 납부하는 제한된 선거를 시행하였습니다. 경제정책을 모두 소유재산에 기초하여 마련한다는 내용이 담긴 것입니다.

이렇듯 온건파와 급진파는 서로의 주장을 현실화하기에 노력했습니다. 그 노력의 중심에는 무력적 분쟁, 다시 말해 군대가 있었습니다. 곧이어 군대는 자연스레 정치세력의 한 축으로 자리하였습니다. 정부의 경제정책이 지속적으로 뒤바뀜에 따라, 경제정책에 대한 민중의 불신이 생겼습니다. 정부와 민중 사이의 틈에서 군대는 서서히 자신의 야심을 하나둘 꽃피우기 시작했습니다. 특히 군대조직이 직업군인으로 변해가면서, 정작 군인들의 마음은 국민보다는 자신이 따르고자 하는 지휘관에게로 향하게 되었습니다.

그렇다면 프랑스 혁명은 무엇을 남겼을까요? 프랑스 혁명은 자유와 평등 그리고 박애의 이념을 통하여 구체제의 모순을 타파하고, 인권선언과 노예제 폐지라는 인간의 보편적 권리를 일깨워주었습니다. 그 결과, 프랑스 혁명은 민주주의의 발전에 큰 기여를 한 사건으로 역사에 남았습니다. 하지만 이러한 주권은 여전히 일부 부르주아와 귀족 계층에게만 주어지고, 민중에게는 제대로 주어지지 못한 아쉬움도 남습니다.

나폴레옹의 쿠데타

프랑스 지휘관들 가운데 가장 유명한 이는 바로 나폴레옹 보나파르트입니다. 나폴레옹 같은 군사지휘관에게로 마음이 모아진 국민들이 또한 존재하였기에, 나폴레옹은 집권을 할 수 있었습니다. 나폴레옹은 프랑스 혁명이 일어나는 동안 군대 내부에서 자신의 입지를 충분히 다졌을 뿐 아니라, 여러 전공을 세우기도 하였습니다. 특히 로베스피에르와 긴밀한 사이를 유지하다가, 테르미도르의 반동 이후 실각당하기도 하였습니다. 그러나 파리에 반란이 일어나자 다시 복귀하여 반란군 진압에도 나섰습니다.

또한 그는 당시 유력한 가문의 여성인 조제핀과 결혼하였으며 이탈리아 원정군의 사령관으로도 임명되었습니다. 밀라노에 입성하고 만토바를 점령하는 공을 세우면서, 프랑스에서 나폴레옹의 명성은 높아졌습니다. 결국 그는 캄포포르미오 조약을 체결하면서 전쟁을 매듭지었습니다. 물론 총재정부의 견제도 존재했지만, 오히려 나폴레옹은 자신의 영웅 이미지를 선전하면서 민중들에게 자신의 명성을 각인시켜 나갔습니다.

하지만 프랑스는 내부적으로 급진파인 자코뱅의 선거승리, 외

이탈리아 원정군 사령관
시절의 나폴레옹

부적으로 전쟁패배라는 상황에 놓이게 되자, 온건파인 시에예스를
중심으로 쿠데타를 결의했습니다. 이때 이집트에 있던 나폴레옹은
탈출하여 의회를 무력으로 협박하고 결국 통령에 올랐습니다.

　통령이 된 나폴레옹은 사실상 독재를 시작했습니다. 그는《나폴
레옹 법전》을 펴내고 영국과 아미앵 조약을 체결하여 프랑스에 반
대하는 동맹세력들을 와해시켰습니다. 반면 프랑스 내부에 은행을
만들고 국민들을 교육하는 제도를 마련하기도 했습니다.

1801~1900

2장

시민권의 향상과
세계질서의 형성

1 나폴레옹의 황제즉위

　나폴레옹은 국민적인 지지를 통하여 통령이 되었습니다. 하지만 그는 당시 프랑스의 법률상 자신의 권한에 한계를 느꼈습니다. 그리하여 헌법을 수정할 수 있는 권한이 존재하는 종신통령의 자리에 먼저 오르고, 국민적인 투표를 통하여 황제의 자리에 오르게 되었습니다. 이를 제1제정이라고 하는데, 첫 번째로 생긴 제정이라는 의미입니다.

　그처럼 정권을 장악한 나폴레옹은 오스트리아를 먼저 격퇴하였으며, 영국과 강화를 맺었습니다. 이런 조약으로 국제적인 평화를 얻은 나폴레옹은 《나폴레옹 법전》을 편찬했습니다. 이 법전은 여러 자유권의 원리에 기초하여 만들어졌지만, 개인의 권리보다는 국가의 이익을 보장하는, 혁명의 기본과 반대되는 내용을 담고 있었습니다. 나폴레옹은 혁명의 결론을 수용하는 듯 보였으나, 이를 제정상황에 맞도록 자유롭게 변용하였습니다. 또한 언론자유를 탄압하는 행보를 보였습니다.

　국내 정국이 안정되기 시작하자, 나폴레옹의 시선은 이제 국외로 향했습니다. 나폴레옹은 본격적으로 정복전쟁을 추진했습니다.

황제즉위식에서 아내 조세핀에게 황후관을 수여하는 나폴레옹

나폴레옹의 강경한 입장에 우려했던 영국은, 오스트리아, 러시아, 스웨덴과 함께 대불동맹을 결성하였습니다. 결국 나폴레옹의 꿈은 넬슨 제독이 이끄는 영국함대에게 크게 패하고 맙니다. 그러나 유럽 대륙 내 다른 연합군들에게는 대승을 거두었습니다. 결국 나폴레옹은 유럽 대륙의 지배자가 되었습니다.

유럽은 나폴레옹의 지배를 직접적으로 받는 국가, 그의 일가와의 관계로 생긴 위성국가, 그리고 스스로 의지여부를 떠나서 나폴레옹과 동맹을 맺는 국가 등으로 구성되었습니다. 이제 나폴레옹에게 남은 국가는 단 하나였습니다. 바로 영국이죠. 따라서 영국과의 교류를 끊는 베를린 칙령을 내려 영국에게 경제적인 타격을 주려고 했습니다. 또한 프랑스의 해외시장 확대를 꾀하려 했지만, 영국에서 그다지 큰 영향을 미치지는 못했습니다.

2 나폴레옹의 몰락

　나폴레옹은 베를린 칙령으로 영국과의 교역망을 차단했습니다. 그러나 이는 모든 나라에게 통제권이 미치지는 못했습니다. 포르투갈이 대표적입니다. 포르투갈이 이를 어기자, 나폴레옹은 정복을 위하여 이베리아 반도로 출격하였습니다. 이 과정에서 무리하게 스페인까지 침범하여 프랑스 제국의 동맹국으로 만들고, 자신의 형인 조제프를 왕으로 앉히게 됩니다.

　당연히 스페인 내부에서는 수많은 반발이 일어나게 되었습니다. 강제로 자신의 형을 왕좌에 앉히고 강제적인 동맹까지 감행한 나폴레옹에 분노한 스페인군과 만만하지 않았습니다. 결국 나폴레옹의 군대가 처음으로 항복하는 일이 발생하기도 했습니다.

　설상가상 러시아가 프랑스의 베를린 칙령을 무시하는 일이 벌어졌습니다. 이에 분노한 나폴레옹은 러시아를 정복하기 위하여 군대를 동원하여, 스몰렌스크와 보로디노 전투를 이겨 모스크바에 입성합니다. 하지만 결과적으로는 이긴 전쟁이었지만 나폴레옹 군대의 타격도 어마어마했습니다. 게다가 러시아는 추운 나라의 상징입니다. 이 당시 추위는 나폴레옹이 정복하지 못한 큰 난제였습

러시아에서 철군하는 나폴레옹

니다. 또한 오늘날처럼 전투식량이 발달되지도 않았습니다. 어느 정도야 해결할 수 있었겠지만, 결과적으로 나폴레옹 군대가 넘어야 할 산은 배고픔도 있었습니다.

결국 러시아 원정은 실패로 끝나고 맙니다. 이렇게 국력을 여러 차례 소진한 나폴레옹은 이제 정복황제로서의 면모를 잃어가고 있었습니다. 대프랑스 동맹을 맺은 국가들이 이 틈을 타서 라이프치히에서 전투를 벌였고, 결국 나폴레옹은 이 전투에서도 패배하고 맙니다. 패배한 나폴레옹은 엘바 섬으로 유배길에 오르게 됩니다.

하지만 이 유배가 나폴레옹의 정복욕심을 완전히 꺾어버리지 못했습니다. 엘바 섬에서 프랑스 본토로 돌아온 나폴레옹은, 다시 황제가 되고 자신의 마지막 전투인 워털루로 향하게 됩니다. 결국 워털루 전투마저 패배하게 된 나폴레옹은, 세인트헬레나 섬으로 유배되고 그곳에서 자신의 마지막 인생을 보내게 됩니다.

나폴레옹의 집권은 유럽에서 프랑스 혁명의 정신이 널리 알려지는 계기가 되었습니다. 민중들이 자신의 목소리를 낼 수 있다는

인식이 생기게 된 것입니다. 그 덕분에 자유주의의 개념이 퍼지게
된 것입니다. 또한 다른 나라에도 민족의 개념을 알려지게 되면서,
민족주의의 사상을 높이는 데에도 나폴레옹은 상당한 영향력을 주
었습니다.

3 빈 회의

나폴레옹의 유배 이후, 유럽 국가들은 프랑스 혁명 이전, 다시 말해 왕정이 존재하는 시기를 원했습니다. 특히 오스트리아의 재상인 메테르니히를 중심으로 한 신성동맹의 정치지도자들은, 현상유지라는 하나의 축을 중심으로 왕정체제의 회복을 위하여 '정통주의'와 '복고주의'를 원했습니다.

이런 이유로 유럽의 여러 나라에서 다시금 왕정이 복고되기도 했습니다. 보수주의의 바람이 불면서 혼란이 생기도 했습니다. 프랑스는 전쟁에서 진 나라로 유럽의 여러 국가들에게 내정개입을 허락해야 했으며, 일부 영토와 주민들을 넘겨주기도 했으며, 더구나 전쟁피해 배상금을 내야 했습니다. 심지어 프랑스는 외부의 군사적 감시에도 놓이게 되었습니다.

유럽 국가들의 신성동맹들은 계몽사상과 프랑스 혁명사상의 흐름을 막았습니다. 체제의 안정을 꾀하기 위하여, 그들은 개혁적 반향과 새로운 정신을 막았습니다. 각국의 자유주의운동과 민족주의운동도 탄압받았습니다. 민중들은 이에 반발했습니다.

나폴레옹 전쟁의 혼란을 수습하고 유럽의 상태를 전쟁 전으로

빈 회의를 주도한 오스트리아
재상 메테르니히

돌리기 위해, 1814년 9월 1일부터 1815년 6월 9일까지 오스트리아
에서 빈 회의가 열렸습니다. 이 빈 회의에서 민중들의 저항적인 모
습도 존재했습니다. 독일은 부르셴샤프트라는 학생들의 조직을 중
심으로, 이탈리아는 카르보나리당을 중심으로 자유주의와 민족주
의를 위한 움직임을 보였습니다. 하지만 이들의 운동은 오스트리
아의 적극적인 간섭과 여러 동맹군들의 탄압으로 실패로 돌아가고
맙니다.

　그러나 자유와 독립을 위한 운동은 멈추지 않았습니다. 라틴아
메리카와 그리스는 독립운동을 전개하였습니다. 이런 독립운동을
빈 회의를 주도한 오스트리아 재상 메테르니히는 억압하고자 하
였습니다. 하지만 산업혁명으로 해외시장을 찾던 영국은 이들 국
가들이 영국의 시장이 될 것이라고 확신해서 간섭을 반대하였습
니다. 영국과 미국은 서로 간섭하지 않겠다는 것을 약속했습니다.
메테르니히의 빈 회의는 서서히 붕괴되기 시작했습니다.

오스만 튀르크의 지배를 받던 그리스에서 독립전쟁이 일어나자, 무자비한 탄압으로 이어졌습니다. 말 그대로 그리스 독립전쟁은 피의 전쟁이라고 해도 과언은 아니었습니다. 이때 이집트가 토벌군을 조직하자, 그리스군은 패색이 짙어졌습니다. 이런 상황을 지켜본 메테르니히는, 그냥 두면 그리스가 이집트의 토벌군에 의하여 진압되고 그리스가 이집트의 식민지가 될 것이라고 확신하였습니다.

다행히 그리스의 문화와 낭만을 존중하고 따르던 세력들이 독립전쟁을 원조하기 시작했습니다. 영국의 시인 셸리와 바이런도 참전하였으며, 프랑스 낭만주의 화가 들라크루아는 〈키오스 섬에서의 학살사건〉이라는 그림을 그려 그리스 독립전쟁을 응원했습니다. 한편 러시아, 영국, 프랑스도 함께 그리스 독립을 위한 지원을 시작했습니다. 이들은 이집트 함대를 격파하고 그리스 독립을 승인했습니다. 그 결과, 오토 1세가 그리스의 왕으로 즉위하게 되었습니다.

4 프랑스의 7월 혁명

그리스의 독립 이후, 프랑스 파리에서는 자유주의 혁명의 바람이 불었습니다. 부르봉 왕실의 루이 18세는 나폴레옹 이후 입헌군주정을 선포하였습니다. 1814년에 새로운 헌법을 선포하였습니다. 이 헌법이 혁명의 상당한 정신을 담고 있었지만, 1791년 발표된 헌법과 비교하면 상당 부분 보수적인 내용들이 존재했습니다.

귀족들과 고위성직자들 가운데, 제3신분에서 제1신분과 제2신분으로 돌아온 사람들도 있었습니다. 그러나 이들은 보수주의자였지만 온건파로 분류되어, 루이 18세와는 멀리했습니다. 당시 유럽의 여러 상황을 인지한 루이 18세 역시 보수적인 왕당파로 돌아갔지만, 프랑스는 대체적으로 평온한 분위기와 평화를 원했습니다. 그래서 큰 동요는 일어나지 않았습니다.

루이 18세가 사망한 후, 동생이자 극심한 왕당파인 샤를 10세가 왕위에 올랐습니다. 그러자 상황이 달라졌습니다. 그는 앙시앵 레짐이라는 구체제로 돌아가는 역행적인 모습을 보였습니다. 그의 수많은 정책 모두 국민들의 반감을 샀습니다. 총리로서 국민들의 이런 불만과 시선을 다른 데로 옮기기 위해서, 주변국을 공격하여

외젠 들라크루아의 〈민중을 이끄는 자유의 여신〉

점령하였기도 했습니다. 하지만 샤를 10세의 왕당파 총리였던 폴리냐크에 대한 반대는 멈추지 않았습니다. 위기를 느낀 샤를 10세는 선거를 다시 시행하였고, 그 결과 반정부파가 과반을 차지하였습니다.

이 7월 혁명의 주요 지도자들은 샤를 10세에 반대한 자유주의자들이었습니다. 이들 세력의 대다수는 직장을 가진 일반적인 노동자였습니다. 이들도 온건파와 급진파로 나뉘었습니다. 온건파는 오를레앙 공인 루이 필립을 왕으로 추대하였으며, 이에 공화파도 타협하였습니다. 따라서 7월 왕정에서 왕은 절대왕권의 왕이 아닌 프랑스 국민의 왕이 되어야 했습니다. 이때 국기로 지금 삼색기가 채택되었습니다.

이 혁명의 영향은 상당했는데, 벨기에 독립을 위한 자유주의 혁명에 불을 지폈습니다. 벨기에는 원래 오스트리아에 속해 있던 나

라였습니다. 벨기에는 정치적·언어적·관습적으로 다른 네덜란드
와의 통합에 불만을 갖고 있었습니다. 그러자 이 불만이 독립을 원
하는 민족주의로 승화하기 시작했습니다. 브뤼셀의 한 극장에서
연극을 보던 관중들이 봉기를 시작했으며, 결국 입헌군주정을 제
정하기에 이르렀습니다. 또한 왕으로 독일의 소군주를 추대하였는
데, 이는 영국을 비롯하여 국제적인 지지를 받았습니다. 결국 1893
년, 벨기에의 독립을 주변 나라들도 지지할 수밖에 없게 되었습
니다.

그러나 다른 지역에서의 봉기나 독립운동은 벨기에와는 양상이
사뭇 달랐습니다. 1830년, 폴란드는 바르샤바의 사관후보생의 봉
기로 혁명이 시작되었습니다. 그러나 농민들의 지지를 받지 못하
는 바람에, 바르샤바를 함락하러 오는 사이에 폴란드의 민족주의
해방운동은 완벽히 진압당하고 맙니다.

5

프랑스의 2월 혁명

7월 혁명으로 여러 선거권이 보장받기는 했지만, 여전히 이는 일부에 해당한 것이었습니다. 따라서 당대 핵심세력들이 가지는 불만은 당연한 것이었습니다. 게다가 산업혁명이 본격화되면서, 7월 왕정에 대한 불만은 더욱 심화되었다.

프랑스는 원래 작은 토지를 소유하는 농민들의 나라였으며, 또한 노동자들의 나라였습니다. 하지만 7월 왕정은 농민들에게 보수적이었으며, 반反단체법을 만들어 노동자를 억압하려는 정책을 펼쳤습니다. 그래서 7월 왕정에 대한 혹평이 쏟아졌습니다. 또한 해외시장을 노리고 있던 자본가들에게 실망감을 안겨주자, 그들은 선거의 참정권을 요구하기 시작했습니다.

이런 혼란 속에서도 흉작과 경제위기가 여전히 존재했고, 급기야 실업자가 속출하기에 이르렀습니다. 그러자 보수내각 사임과 선거권 확대를 요구하는 정치적인 모임인 연회가 전국적으로 개최되었습니다. 당연히 내각은 이 연회를 허용하지 않고 진압했습니다. 그러자 시위는 더욱 거세졌습니다. 결국 왕이 사는 궁궐까지 습격을 받자, 스스로 평민들의 왕을 칭했던 루이 필립은 왕위에서

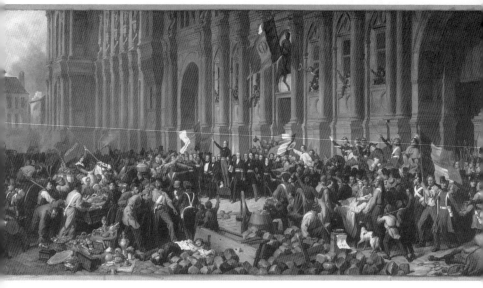

1848년 2월 25일 파리 시청 앞의 시위대

물러났습니다.

왕정붕괴와 함께 임시정부가 새로 조직되었습니다. 이 임시정부는 부르주아 출신의 온건세력이 다수를 구성하였으나, 노동자 출신의 사회주의자도 참여했습니다. 차츰 노동자들의 권리도 인정을 받을 수 있다는 믿음이 생겼습니다. 이런 움직임은 선거에까지 영향을 미쳤습니다. 하지만 선거에서 온건공화파가 절대다수를 차지하자, 사회주의자들과 노동자들은 이런 선거결과를 수용하지 않았습니다. 오히려 급진적인 행동을 보였습니다.

심지어 이들은 의사당에 침입하기도 하였습니다. 이런 움직임은 시민계급에게 공포만 심어주게 되었습니다. 임시정부는 국립작업장이 이들의 온상임을 알고 그것을 폐쇄하였습니다. 노동자들에게도 병사가 되거나 지방으로 내려가고 명령했습니다. 당연히 노동자들은 이 조치에 반발하여 봉기를 일으켰지만, 결국 진압되고 맙니다.

이 폭동 이후 계엄령이 선포되고 새로운 공화제헌법이 제정되었습니다. 공화제헌법에 따라 대통령 선거가 치러졌습니다. 공화파는 50만의 득표율을 얻었으며, 정치인이자 군인인 카베냐크는 150만 표에 그쳤습니다. 한편 나폴레옹의 조카인 루이 나폴레옹 보나파르트, 다시 말해 루이 나폴레옹은 550표라는 압도적인 지지를 받으면서 대통령으로 당선되었습니다. 점차 민심은 잘 알려지지 않았던 루이 나폴레옹에게 향하게 되었습니다.

6 프랑스의 제2제정 성립

　선거로 대통령으로 선출된 루이 나폴레옹은 의회를 해산한 뒤, 왕당파를 중심으로 한 새로운 의회를 만들기 위한 선거를 치르게 합니다. 보수파들이 대다수인 의회는 하층민들의 선거권을 박탈하였습니다. 재선을 꿈꾸던 루이 나폴레옹은 군사와 경찰을 장악한 뒤, 쿠데타를 감행하여 다시 의회를 해산하고 새로운 헌법제정을 제안하기에 이릅니다. 파리에서는 이를 반대하는 시위와 시가전이 벌어졌지만, 곧 나폴레옹 군대에 의하여 진압되고 맙니다.

　루이 나폴레옹은 보통선거를 부활하고 새로운 헌법을 만들어 자신에게 독재적인 통치권을 부여하는 목적을 가졌습니다. 국가원수의 책임대상으로 국민을 정하고, 원로원과 국무장관 및 도지사 등의 요직에 대한 임명권을 지녔습니다. 여기에 그치지 않고 원로원의 제안이라는 명목으로 국민투표를 거쳐 제정을 선포하고 나폴레옹 3세가 되었습니다.

　프랑스 국민들이 루이 나폴레옹을 지지한 배경은 다양합니다. 기존 '나폴레옹 보나파르트'의 혈통적인 믿음, 또한 국민들의 마음에 내재되어 있는 불안이라는 마음도 존재했습니다. 그러나 당대

나폴레옹 3세

의 국민들, 그중에서도 농민들에게는 정치적인 배움이 부족했답니다. 따라서 이것이 민주적인 방식의 부작용들 중 하나로 나타났습니다.

이 시대를 제2제정으로 부르는데, 이 제2제정으로 프랑스 내부의 자유주의는 침체되었습니다. 루이 나폴레옹은 언론을 탄압하고 시민운동을 억압했습니다. 또한 공직자에게는 충성을 다짐하는 약속을 받았습니다. 따라서 당대의 수많은 지식인들이 프랑스를 떠나 다른 나라로 향하는 망명을 택했습니다.

나폴레옹 3세는 국민들의 영광을 위하여 외교정책을 다양하게 펼쳤습니다. 금융제도의 개선도 하였으며 대규모의 중공업 발전에 힘을 기울였습니다. 또한 대규모의 토목공사를 벌여 도시계획을 위하여 힘을 쏟았습니다. 따라서 미로와 같은 파리의 구조가 아닌 개선문을 중심으로 한 파리를 현대도시화하기 시작하였습니다.

이런 그의 정책은 금융가와 부르주아들을 만족하게 하였습니다. 크림 전쟁 당시 개최한 박람회에서 프랑스의 발달을 과시하는 데 사용하였습니다. 또한 그는 노동자들을 위한 다양한 정책을 폈습니다.

그러나 그의 외교는 성공보다는 실패에 가까웠습니다. 크림 전쟁의 참전이 있기는 하였지만 얻은 것이 거의 존재하지 않았습니다. 파리에서의 강화회의를 개최함으로써 체면정도는 살렸다고 볼 수 있습니다. 또한 다양한 나라에서의 외교로 국내외에 적만 만든 결과가 생기기도 하였습니다.

그의 외교실패의 결정체는 바로 멕시코로의 원정이었습니다. 군대를 파견하고 공화정을 폐기하고 상류층 중에서도 일부의 지지밖에 받지 않은 이를 왕으로 옹립하였습니다. 그러나 이에 멕시코인들의 강력한 저항이 뒤따랐고 철수할 수밖에 없었으며, 왕인 막시밀리안은 공화파에 의하여 총살당하게 됩니다.

이런 국제적인 분위기 이후 노동운동이 국내에서 일게 되었습니다. 1850년 영국과 체결한 통상조약은 일부 산업을 중심으로 한 부르주아와 수공업자들의 불만으로 이어졌습니다. 이런 상황에서 나폴레옹 3세는 억압적인 정책이 아닌 조금은 완화된 정책으로 국민들에게 다가갔습니다. 그 결과, 반정부세력이 선거를 통해 정계로 진출하였습니다. 그러자 입헌군주정에 가까운 자유제정이 선포되었습니다. 그러나 때는 이미 늦었습니다. 비스마르크의 작전에 휘말려 프로이센군에게 항복을 선언하고, 이것이 파리에 알려지자 민중은 봉기하였습니다. 결국 입법원은 제정의 몰락과 공화정의 선포를 통하여 임시정부를 세웠습니다.

7

프랑스의 제3공화국 성립

임시정부는 전쟁을 지속하려고 하였지만 주력부대가 이미 붕괴하였습니다. 또한 파리의 저항이 완강하였으나 파리마저 항복하기에 이르렀습니다. 국민의회가 임시정부를 대체할 기구로 선출되었으나, 왕당파를 비롯한 평화를 원하는 세력들이 이 의회의 다수파가 되었다. 그러자 독일에 알자스와 로렌의 일부를 양도하고 배상금을 지불하는 조건으로 강화가 맺어졌습니다.

그러나 국민들의 불만과 저항이 쌓이자, 국민의회는 베르사유에 자리를 잡고 무장해제와 급료지불을 중지하기로 했습니다. 하지만 이것마저 실패하자, 프랑스 제3공화국의 첫 대통령 아돌프 티에르는 군대를 파리에서 철수시켰습니다.

이런 상황에서 국민방위군은 행정권을 장악하여, 파리 코뮌을 수립하고 코뮌의 의원을 선출하였습니다. 이들의 다수는 사회주의자보다 급진적인 사상을 지닌 사람들이었습니다. 그들은 개혁에 착수했으며, 이 개혁의 내용은 사회주의자들의 요구인 교육개혁, 노동조건개선, 소유자가 포기한 공장 접수 등을 반영한 된 것이었습니다.

코뮌의 이런 급진적인 행위를 수용할 수 없었던 아돌프 티에르는 이들이 지치기만을 기다렸습니다. 코뮌은 시간이 흐르면 흐를수록 식량난에 시달렸습니다. 이를 알아차린 정부군은 이른바 '피의 일주일'이라는 처참한 전투와 숙청을 수행했습니다. 이 사건으로 2만 명에 가까운 이들이 처형당하고, 7만 명이 넘는 이들이 박해를 피해 파리를 떠났습니다.

파리 코뮌이 진압된 이후에도 프랑스 정치는 안정적이지 않았습니다. 국민의회의 대다수인 왕당파는 부르봉파와 오를레앙파로 나뉘어 대립을 계속했습니다. 공화파는 그나마 명맥을 유지할 수 있었습니다. 그리고 입헌적인 법률을 통하여 제3공화국의 헌법이 제정되었습니다. 대통령은 상하 양원에서의 선출로서 7년의 임기를 지녔으며, 의회의 실권은 상원보다는 하원에 집중되었습니다.

1875년, 공화파가 승리하고 왕당파의 대통령이 사임하면서 정식 출범한 제3공화정은, 내각책임제로 자리를 잡으며 안정적인 기반을 다지게 되었습니다. 다음 해에 혁명을 상징하는 '라 마르세예즈'가 국가가 되고 7월 14일이 국경일이 되면서, 프랑스 혁명의 정신을 계승한다는 것을 알렸습니다. 공화정의 안정은 교육에도 기여하였는데, 의무, 무상, 세속의 원칙으로 초등교육제도를 확립한 것이 바로 그것입니다.

하지만 기존 기득권자들이 여전히 잔존해 있었습니다. 공화주의자로 전향한 블랑제 장군의 쿠데타에 기대하였지만, 그는 벨기에로 도망을 가버렸습니다. 그러나 정작 공화정을 동요케 한 일은 드레퓌스 사건입니다. 드레퓌스 사건은 프로이센과 프랑스의 전쟁 후, 프랑스를 휩쓸었던 군국주의, 반유대주의, 강박적인 애국주의 때문에 억울하게 옥살이를 한 포병대위 드레퓌스의 간첩혐의 조작 스캔들입니다.

프랑스 사회에는 드레퓌스의 무죄를 주장하는 드레퓌스파와

바리케이트를 가설한 국민방위대

유죄를 주장하는 반드레퓌스파로 양분되어 격렬한 싸움이 있었습니다. 드레퓌스는 무고하였는데도 군법회의에서 종신형을 선고받는 일이 벌어지게 되자, 기득권세력들은 그의 무죄를 주장하는 공화파의 입장과 맞서게 되었습니다. 결국 이 사건은 국가권력에 의해 자행된 대표적인 인권유린과 간첩조작 사건이었습니다.

이 사건으로 기득권세력들, 다시 말해 왕당파와 군부, 가톨릭은 타격을 받았습니다. 공화파는 군부를 공화주의자로 개편하고, 교육과 사회 사업에서 교회세력을 제거하였습니다. 또한 가톨릭교회의 특권을 박탈하였으며, 성직자에게 국가차원의 급여도 지급하지 않았습니다. 이렇게 함으로써 공화정은 이제 완전해졌습니다.

사회주의자들은 10시간 노동, 미성년자 노동금지, 건강관리증진 등을 통하여 노동자들의 고된 생활이 개선되기를 바랬지만, 이는 영국이나 독일에 훨씬 미치지 못했습니다. 이 당시 프랑스 공화정은 여전히 전형적인 부르주아에 의한 공화국이었습니다.

라틴아메리카의 독립운동

    영국에서의 두 차례의 혁명과 미국 독립전쟁 그리고 프랑스 혁명의 영향은 비단 유럽이나 미국에만 한정되지 않았습니다. 자유주의의 바람은 라틴아메리카까지 영향을 주었습니다. 특히 본국이 혼란스러울 때, 라틴아메리카 국가들은 계몽사상을 적극적으로 활용하고 널리 알리면서 자국의 독립을 유도하였습니다.

    특히 본국의 가혹한 식민정책으로 탄압과 고통 받던 식민지 국가들은 독립운동을 시작으로 독립을 선언하기까지 했습니다. 먼저 만나볼 인물은 해방자라는 별명을 가진 시몬 볼리바르입니다. 볼리바르는 콜롬비아 공화국과 북부 페루의 볼리비아 공화국의 독립을 이뤄내었습니다. 이 여파로, 아르헨티나, 칠레, 페루, 산 도밍고, 멕시코 등이 스페인에서의 독립을 선언하였습니다. 당시 유일하게 포르투갈의 식민지였던 브라질도 독립을 선언하였습니다. 특히 페루에는 페루의 수호자라는 별명을 가진 산 마르틴은 크리오요 출신의 군인으로, 페루 독립을 주도적으로 이끌었습니다. 여기서 크리오요는 아메리카에서 태어난 백인을 지칭하는 용어입니다.

    식민지를 보유한 대다수의 국가들은 식민지의 이러한 독립선언

라틴아메리카의
독립영웅 시몬 볼리바르

이 빈 회의의 정신에 위배된다며 탄압했습니다. 오히려 영국에게
는 라틴아메리카가 독립함으로써 얻는 경제적 이득이 커졌습니다.
이들이 영국의 새로운 시장이 될 독립국가로 보았기 때문입니다.
영국의 이런 입장은 당시 미국 대통령 먼로의 먼로선언으로 힘을
받았습니다.

　먼로선언은 유럽이 아메리카대륙에 의한 간섭을 배제하고 미국
또한 유럽에 간섭하지 않는다는 내용을 담고 있었습니다. 다시 말
해 각자의 나라에 간섭하지 말자는 기본 원칙이 이뤄졌습니다. 빈
회의의 메테르니히에게도 라틴아메리카까지 간섭하는 것은 큰 부
담이었습니다. 영국의 해군력이 강력했기 때문입니다. 따라서 이
당시에 독립에 성공한 라틴아메리카 국가들이 지금까지도 존재하
고 있습니다.

스티븐슨의 증기기관차 발명

스티븐슨의 증기기관차를 말하기 전, 증기기관이 어떻게 만들어진 것인지 살펴보려 합니다. 산업발전을 위해서는 기계가 필요하였으며, 이 기계는 동력이 필요했습니다. 증기기관은 산업혁명을 이끈 획기적인 발명품이었습니다. 따라서 이 증기기관을 움직이게 하는 동력, 다시 말해 석탄을 채굴하는 것이 가장 시급하고 필요한 일이었습니다.

원래 뉴커먼의 증기기관이 먼저 고안되었습니다. 그러나 이 증기기관은 비싼 설치비와 열효율이 좋지 않은 문제를 안고 있었습니다. 이런 문제를 해결하기 위하여 제임스 와트의 증기기관이 등장했습니다. 와트의 증기기관은 별도 구별된 공간에서 응축 후 증기력으로 피스톤을 움직이는 방식이었습니다. 이는 열효율의 낮은 문제를 효과적으로 해결할 수 있었으며, 연료소비는 상당 부분 줄였습니다.

이런 증기기관은 제철공업의 발전에 기본 동력이 되었습니다. 대표적인 기술변화는 교반법과 압연법입니다. 여기서 교반법은 숯 대신의 코크스를 사용하는 것이며, 압연법은 녹인 철을 롤러로 불

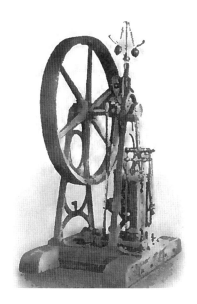
증기기관

순물을 짜내는 공법이었습니다. 그래서 1850년대 말, 영국은 세계 철 생산의 절반을 차지하였습니다. 이미 이 석탄은 영국에서는 가 정용과 공업용으로 먼저 사용되고 있었습니다.

10 노동계급의 형성과 생활

19세기 유럽에는 거대한 움직임이 존재하였습니다. 바로 산업화가 그것입니다. 산업화로 농경 사회에서 산업사회로 이행하면서, 사람의 삶에도 다양하게 변화가 일어났습니다. 기계를 사용하는 생산활동은 삶의 질적인 변화에 큰 기여를 했습니다. 이는 비단 경제뿐만 아니라 정치, 사회, 문화, 외교 모든 분야에서도 변화가 일어났습니다.

그런 변화 가운데 가장 큰 것은 새로운 계급의 등장과 분화였습니다. 이것은 정치와 사회, 경제에 적잖은 변화를 만들어냈습니다. 자영농과 수공업자를 중심으로 한 길드는 더 이상 사회의 중심이 되지 않았습니다. 산업화 이후 그 중심을 대신한 계급이 바로 자본가와 노동자였습니다. 다시 말해 자본가는 산업사회를 이끄는 상부구조의 계급이었으며, 노동자는 하부구조를 이루는 계급이었습니다.

또한 이 당시 도시로 공장과 노동자들이 모이면서, 농촌에서의 삶과는 전혀 다른 문제를 낳게 되었습니다. 이 노동자들의 노동에 대한 자율성이 박탈된 것입니다. 바로 기계 때문입니다. 사람의 노

카를
마르크스

동으로는 한 사람이 한 시간에 하나를 만들던 작업이, 기계의 작업으로 두 개, 세 개 더 이상의 제품을 만들 수 있게 된 것입니다.

　기계화와 산업화는 그동안 사람만이 갖고 있는 기술을 기계가 대체하게 되면서, 자본가는 노동의 전 과정을 통제할 수 있게 되었습니다. 결국 노동자를 감시하고 통제하는 권한이 자본가에게 독점적으로 주어지게 된 것입니다. 두 계급의 분화는 급속하게 가속화되었습니다.

　시간이 가면 갈수록 노동계급에 허리 역할을 해주던 노동자들의 수가 늘어나면서, 노동계급 자체가 확대되기 시작했습니다. 이런 현상은 노동계급에 대한 인식과 의식이 성장하도록 만들었으며, 나중에는 정치적 문제로까지 파급되기 시작합니다.

　노동자들은 오랜 시간 동안 노동에 시달렸으며, 그들의 노동 장소는 칙칙한 공장밖에 없었습니다. 낮은 임금도 문제였으며, 이들에게는 늘 산업재해가 도사리고 있었습니다. 이러한 열악한 노동환경은 위생적 문제를 야기했으며, 노동자들은 전염병에 취약할 수밖에 없었습니다. 남성보다 여성이, 성인보다는 어린아이들이 더욱 열악한 환경에 노출되었습니다. 이러한 문제들은 노동자들의 불만축적에도 한몫했습니다.

노동자들이 증가함에 따라 노동자계급 안에서도 여러 계급들이 세분화되었습니다. 또한 같은 노동자라도 남성과 여성, 성인과 어린이에 따라 차별이 생겼습니다. 남성은 우월의식을 가지고 있었으며, 여성은 남성들에게 종속되어도 좋은 존재로 여겨졌습니다. 또한 노동계급 내에서도 성인 노동자들과 어린 노동자들 사이에서, 혹은 숙련된 노동자들과 미숙련된 노동자들 사이에서 상부와 하부구조의 선 긋기가 생겨났습니다.

따라서 노동운동에는 남성, 그것도 성인 남성 중심이었습니다. 또한 해외 이주 노동자나, 민족이 다른 노동자들 역시 그 중심에 서지 못했습니다. 여성 노동자들은 자신들의 노동환경개선을 바라며 선거권 운동에 참여하였지만, 그들의 목소리가 제대로 반영이 되지는 않았습니다.

이런 사회적 문제가 사상적인 움직임에도 영향을 주었는데, 자본주의 자체의 모순을 지적한 사회주의 이론이 그것이었습니다. 일부 사회주의자들은 인간의 문제를 이성적으로 해결이 가능할 것이라는 확신을 가지고 있었습니다. 하지만 현실은 녹록지 않았습니다.

이 당시 노동운동에 파급력이 강한 사상은 마르크스와 엥겔스의 과학적인 사회주의였습니다. 이들은 인간의 이성과 양심에 기반을 둔 사상만으로는 자본주의의 모순을 해결할 수 없다는 주장하면서, 노동계급에 의한 이상적 혁명을 제시했습니다. 이러한 영향으로 대다수 노동자들의 노동운동은 마르크스의 사상적 이론에 기반을 두어 움직이게 되었습니다. 이런 거대한 움직임 속에서 사

회주의 정당도 탄생하게 되었으며, 이들은 공산주의라는 노동자를
위한 이상적 세상을 꿈꾸게 되었다.

11 각국의 노동운동

    노동자의 열악한 환경은 노동운동을 야기할 수밖에 없었습니다. 이것은 가장 먼저 산업화가 진행된 영국을 비롯하여, 프랑스와 독일에서도 마찬가지였습니다. 그럼, 이제 영국과 프랑스에서, 어떻게 노동운동이 일어났는지, 각국에서 노동자들의 권리가 어떻게 증가하였는지 등을 알아보려고 합니다.

    역설적이게도 가장 먼저 산업화를 이룬 영국에서 정작 노동운동이 불법이었습니다. 결사금지법이 있었던 영국에서는 이미 법적으로 결사, 다시 말해 모이는 것은 금지되어 있었습니다. 그래서 노동자들은 두 가지 방법으로 노동운동을 전개했습니다. 하나는 자본가에 대한 직접적인 공격을 시도하거나, 다른 하나는 기계를 파괴하는 러다이트 운동이었습니다.

    러다이트 운동은 산업화와 기계화로 노동자의 실업률이 상승한 반면, 임금은 오히려 감소한 것에서 일어났습니다. 노동자들의 입장에서 기계가 자신들의 일자리를 빼앗아간 경쟁자나 다름없었습니다. 만약, 기계가 존재하지 않았다면, 임금도 본래대로 회복할 것이고 실업률도 줄어들지 않았을 것이라는 생각을 갖게 된 것입

러다이트 운동의
지도자를 묘사한 그림

니다.

영국에서 노동운동은 노팅엄을 시작으로 랭커셔 등의 직물공업
지대를 중심으로 몇 년 동안 지속되었습니다. 그러나 정부의 무자
비한 진압으로 노동운동의 맥이 끊어질 것 같았지만, 경제가 불황
일 때 다시 노동운동은 재개되었습니다. 지속적인 노동운동이 이
어지면서, 노동자들의 요구와 의견은 점차 의회로 뻗어나가기 시
작했습니다.

한 차례의 러다이트 운동 이후 1824년 결사금지법이 폐지되자,
수많은 노동단체들의 활동이 두드러지게 나타났습니다. 특히 여러
해 동안 걸친 경제불황은 노동운동에 불씨를 지폈습니다. 영국의
선구적인 사회주의자 로버트 오웬이 미국에서 귀국하면서, 노동운
동의 움직임은 전국적으로 확대되었습니다. 하지만 정부도 노동운
동을 탄압했으며, 내부적 갈등으로 해체가 되는 노동조합도 나오
기 시작했습니다.

한편 노동자들은 참정권 확대를 위한 선거법개정에 참가하였습니다. 하지만 노동자들의 이런 요구와 달리, 중산계급에게만 선거권이 확대되자, 이들은 더욱 대대적인 선거권 투쟁을 벌였습니다. 이들이 주장한 것은 보통선거, 비밀투표, 의원이 되기 위한 재산자격 폐지, 의원에 대한 급여지급, 선거구의 평등, 의회선거 매년 개최 등이었습니다. 이들은 이런 내용을 담은 인민헌장을 만들어, 인민헌장운동을 통해서 의회에 승인을 받고자 했습니다. 의회선거를 매년 하는 것을 제외하고는 대체적으로 선거법을 통해 개정되었습니다.

인민헌장운동 이후, 숙련공들을 중심으로 노동운동이 새로운 국면으로 접어들었습니다. 이들은 주로 경제투쟁을 이끌었으며, 대체적으로 온건주의자들이었습니다. 이들의 노동조합은 합법화되면서 더욱 활발하게 노동운동을 전개해나갔습니다. 많은 노동자들이 합류하면서, 사회민주주의협회나 독립노동당 등 여러 노동조합이 생기게 되었습니다. 20세기에 들어서 어떤 노동조합들은 노동정당으로 발전하기도 했습니다.

다음으로 프랑스입니다. 프랑스 노동자들은 영국과는 사뭇 다른 양상으로 노동운동에 참여하였습니다. 이들은 7월 혁명에 대대적으로 참여하였습니다. 1830년대, 프랑스 동남부 리옹 지방에서 견직공들의 큰 봉기가 일어났으며, 다음 해에는 파리에서도 노동자들의 파업이 일어났습니다. 하지만 이 7월 혁명은 왕정의 탄압을 지속적으로 받았습니다.

영국과 비슷하게, 프랑스에도 노동조합결성을 금지하는 샤플리에 법이 존재했습니다. 노동자들은 친목단체와 유사한 협동조합을 조직하면서, 자신의 요구와 의견을 지속적으로 개진했습니다. 1839년, 노동혁명가 루이 오귀스트 블랑키가 시청을 점령하는 사건이 있어났으며, 1840년에는 숙련공들의 파업이 연이어 일어났습니다. 이와 함께, 많은 초기 사회주의자들의 책들이 출판되어 노동자들에게 읽혔습니다.

한편 프랑스 노동자들은 2월 혁명에 적극 참여하였으나, 온건파의 견제에 밀리고 이러저러한 탄압과 사건으로 분쇄되기에 이르렀습니다. 그러다 프랑스 사회주의자며 집산주의의 창시자 쥘 게드는 마르크스주의에 근거한 프랑스 노동당을 결성하였습니다. 이는 곧 노동운동 내부의 분열이 시작되었음을 의미하기도 합니다. 결국 1884년, 샤플리에 법도 폐지되면서, 노동운동은 더욱 확산되어갔습니다.

19세기 후반 노동조합운동은 생디칼리즘을 받아들였습니다. 생디칼리즘이란 노조 중심의 파업 같은 직접적인 움직임을 통해, 자본주의 체제를 파괴하는 것이 핵심인 이론이었습니다. 생디칼리즘은 다소 무정부주의적인 성격도 가지고 있었습니다. 그러나 이를 받아들인 이들은 소수에 불과하면서, 점차 생디칼리즘은 쇠퇴기에 접어들었습니다.

19세기 말, 프랑스에서 마르크스주의자들은 게드주의자와 개혁주의자 등 여러 분파로 나누어지기 시작했습니다. 이들은 입법에 관여하는 것을 목표로 삼았습니다. 1893년 총선거에서 사회주의자들이 50여 명이 당선되자, 이들은 마르크스의 이념에 따른 통합사회당을 결정하였습니다. 이들은 서서히 의석수를 늘려가면서 합법적인 정치세력으로 성장하게 되었습니다.

12

사회주의 정당과 정부의 대응

　사회주의 정당이 주요하게 등장한 나라는 바로 독일입니다. 따라서 독일의 노동운동을 알아보면서 사회주의 정당들이 어떻게 발전되었는지를 살펴보도록 하겠습니다. 독일의 노동운동은 영국이나 프랑스 두 나라와 양상이 달랐습니다. 이들은 수공업자와 직인들이 중심으로 한 독일 노동자형제단이 보통선거를 요구하면서 본격적으로 정치에 발을 들였습니다. 그러나 이들은 보수주의자들의 강세로 내리막길을 걷다가 독일노동자총연맹을 결성했습니다. 남부 독일에서는 사회민주노동당이 결성되어 노동자들의 참정을 위하여 활동했습니다.

　이들의 사회주의는 마르크스주의와 비슷하기도 했지만, 조금 다른 면모를 보였습니다. 이들은 협의와 회의를 통해서 조직을 만들기 시작했는데, 그것이 바로 독일사회민주당, 약칭하여 SPD라는 조직입니다. 당시 독일의 노동운동은 이 단체를 중심으로 전개되고 확산되었습니다. 독일사회민주당은 여러 단체를 거느리면서 거대한 단체로 발전했습니다. 그러나 이 단체는 사회주의를 반대하는 비스마르크의 법에 따라, 의원으로의 출마자격만을 부여받았습

SPD Soziale Politik für Dich.

독일사회민주당의 로고

니다. 그래서 정당으로서 붕괴될 위기에 처했습니다.

19세기 후반, 공장노동자들이 증가하면서 독일사회민주당을 적극적으로 지지하는 노동자들도 함께 늘어났습니다. 그래서 선거를 할 때마다 이들은 승리를 거두었습니다. 당을 만들 초기에는 대체적으로 절충안을 지향하던 독일사회민주당은 서서히 활동을 해가면서, 마르크스주의에 훨씬 더 근접하게 되었습니다.

독일사회민주당은 수정주의적 마르크스주의를 발전시킨 사회민주주의 창시자 베른시타인의 이론을 받아들였습니다. 노동자들의 생활수준 향상과 재산증가, 그리고 소시민층과 화이트 칼라 노동자의 권리를 주장했습니다. 폭넓은 계층의 지지를 받은 독일사회민주당은 점차 당의 세력이 확대되면서, 독일 최대의 정당으로까지 성장했습니다.

독일에는 노동계급이 정당과 결합하여 정치세력으로 변모하고 마르크스주의를 받아들였다는 특징이 있습니다. 물론 고용주들, 다시 말해 자본가들은 노동자조합의 정당활동을 인정하지 않았습니다. 오히려 노동자들이 자신들에게 복종할 것을 강요했을 뿐입니다. 당연히 노동정당의 의석수가 자본가들을 지지하는 정당의 의석수보다 많을 수가 없습니다. 이것은 사회구조 상 하부구조에 존재하는 노동자들에게 극히 불리한 사항이었습니다. 독일에서 마르크스주의를 중심으로 한 노동정당의 운동이 전개되었으며, 이들의 권한과 세력이 비교적 약했음에도 빠르게 정치세력화하고 있었습니다.

사회주의정당은 노동조합들과의 긴밀한 관계를 맺으면서 대중적 지지를 받았습니다. 이런 지지도는 많은 선거에서 사회주의정당이 합법적으로 성장하는 배경이 되었습니다. 이들은 사회개혁과 노동자를 위한 복지정책을 주장했으며, 결국 국가와 보수집단들도 이들의 삶과 요구를 들여다보지 않을 수가 없었습니다.

19세기 후반 독일을 시작으로 다른 국가에서도 노동자들의 사회보장제도가 발전되었습니다. 먼저 영국에서 공장법이 제정되었습니다. 1802년, 아동 노동자들을 보호하기 위한 도제법이 제정되었으며, 1833년에는 공장법이 시행되었습니다. 아동 노동자들의 9시간 노동, 청소년 노동자들의 12시간 노동, 또한 청소년 이하의 모든 노동자들의 야간작업을 금지하는 내용이 담겨 있었습니다.

이 법을 지키기 위해서 공장에 감독관을 두어 관리하도록 하였습니다. 1844년, 여성 노동자들에 대한 보호규정을 추가되었습니다. 3년 뒤에는 여성과 어린아이들의 노동시간이 10시간을 넘지 못하도록 규정하였습니다. 이는 제1차 세계대전 이후 하루 8시간 노동제로 확대되어 적용되기 시작했습니다.

독일을 시작으로 하여 유럽 각국에서 사회보험제도와 노동자들의 사회인권 등을 보장해주는 사회보장제도가 시행되기 시작했습니다. 독일의 경우, 1883년에는 건강보험, 1884년에는 산업재해보험, 1889년에는 노령연금보험이 각각 순차적으로 제정되었습니다. 독일의 이런 사례를 참고삼아, 대다수의 유럽 국가들은 1920년대 전에 노동자를 위한 사회보장제도를 법제화하였습니다. 이에 각 국가의 사회주의정당들은 여러 노동복지정책을 제안하거나 입법 활동을 통해 법제화를 추진했습니다.

영국의 1차 선거법 개정

유럽의 여러 나라들이 체제적 혼돈을 겪고 있을 때, 영국은 자유주의적 개혁과제들을 하나하나 해결해나가고 있었습니다. 영국은 국내적으로는 신교도들과 가톨릭교도들 모두에게 고루고루 관직을 개방하는 정책을 펼쳤습니다. 국외적으로 영국은 나폴레옹의 몰락 이후, 메테르니히의 빈 회의의 규제를 받지 않았습니다.

하지만 마냥 안정적일 것 같은 영국에게도 하나의 골칫거리가 있었습니다. 바로 의회의 개혁이었습니다. 산업혁명에 따른 인구 이동으로 사회구조에 변화가 생기면서, 영국의 기존 의회도 이 변화를 빗겨갈 수 없었습니다. 원래 영국 의회는 젠트리와 산업자본가 위주로 구성되어 있었습니다. 한편 유권자수는 성인 남성의 6분의 1에 그쳤습니다.

산업혁명 이후 신흥자본가들이 급증하면서, 그들의 정치참여에 대한 열망도 따라서 높아졌습니다. 그리고 함께 증가한 노동자들 역시 간과할 수 없는 사회의 단면이었습니다. 그런데 의회의 기존 선거법에는 이런 다양한 계급의 요구를 수용하기에는 모순점이 많았습니다. 그래서 선거법 개정은 불가피했습니다.

1834년경의 영국 의회

　당시 영국은 북부와 남부로 구성이 되어 있었습니다. 10개 주가 있는 남부의 인구는 300만 명을 조금 넘었으며, 그들은 의회에서 236석을 차지하였습니다. 반면 6개 주가 있는 북부의 인구는 400만 명이 넘었는데, 이들은 의회에서 68석을 차지했습니다. 그러다 보니, 부패한 선거구가 생기기 마련이었습니다. 이는 유권자가 없는 선거구가 있거나, 아니면 투표에 부정이 생기는 선거구도 발생하게 된 것입니다.

　그래서 선거법 개정이 요구되었습니다. 이런 요구는 1820년대를 거쳐 1830년에 이르면서 더욱 심해졌습니다. 1831년 휘그당은 선거법 개정안을 의회에 제출하였지만, 상원을 차지하던 토리당의 반대로 무산되고 맙니다. 그러나 결국 1832년 선거법 개정안이 의회를 통과하게 됩니다.

　이 내용은 50개 이상 넘는 부패한 선거구를 없애고, 이 선거권을 신흥공업도시에 배정하였습니다. 또한 선거자격을 조금 완화하여 토지를 가진 유권자에서 동산을 가진 유권자까지 확대함으로써, 결과적으로 유권자수가 비약적으로 증가하였습니다. 신흥자본가들을 비롯한 중산계급이 모두 선거권을 얻었습니다. 그럼에도 여전히 노동자들에게는 선거권을 주지는 않았으나, 점차 자유주의의 거대한 바람이 불어오고 있음을 예감하게 됩니다.

14 차티즘 운동

19세기 영국에서 노동운동은 노동자세력에 따라서 달리 진행되었습니다. 19세기 초에는 노동운동이 법적으로 불법이었습니다. 그래서 노동권을 위협당할 위험에 놓여 있는 노동자들은 기계를 파괴하는 러다이트 운동을 벌이거나, 고용주를 직접 공격하는 방식으로 저항했습니다. 그러나 이런 저항은 곧바로 고용주들의 반격으로 실패하고 맙니다. 1824년, 결사금지법이 폐지되자 곳곳에서 노동조합들의 활동이 활발해졌습니다.

미국에서 돌아온 로버트 오웬의 영향으로 협동상점이 생겼으며, 10년 뒤 전국노동조합대연맹이 탄생하게 되었습니다. 이것 역시 고용주들의 극심한 반대와 억압, 그리고 조합 내부의 온건과 강경의 대립으로 해체되었습니다. 따라서 이들은 노동운동을 전개하면서 선거권을 요구했습니다. 그러나 이들은 제1차 선거법 개정 당시 열심히 참여하였지만, 선거권을 얻지 못했습니다. 따라서 중산계층에 대한 적대적인 반대의식과 배신감을 가지고 있었습니다.

1837년, 로버트 오웬의 추종자인 윌리엄 라베트는 인민헌장의 기초적인 내용을 만들었으며 노동운동의 주도세력으로 활동했습

1848년 런던에서 열림 차티스트 집회

니다. 1838년, 이 인민헌장은 의회에서 승인을 얻고자 강령으로서 사회에 발표되었습니다. 이 인민헌장에는, 성년 남자의 보통선거, 무기명 원칙의 비밀투표, 의원의 재산자격 폐지, 의원의 봉급지불, 선거구의 평등, 매년의 의회선거 등의 요구가 담겨 있었습니다. 이 것을 인민헌장운동, 혹은 차티즘 운동이라고 합니다. 대규모의 집회와 시위, 대규모의 청원, 총파업의 위협 등으로 의회를 위협했지만, 정작 의회는 이에 눈길도 주지 않았습니다.

　노동자들 역시 조직 자체를 구성하는 것에 미숙했으며, 조직을 이끄는 이들의 지도력이 부족하였습니다. 이들끼리의 단합도 잘 이뤄지지 않았습니다. 1848년, 이 차티즘 운동은 생기를 잃었습니다. 그 이후 지도자들이 투옥되는 일이 일어났으며, 전국헌장협회를 중심으로 한 재건의 노력 역시 수포로 돌아갔습니다. 10년 뒤, 마지막 대회를 끝으로 인민헌장운동은 역사에서 막을 내렸습니다. 이 차티즘은 유럽에서 처음 나타난 노동자들의 민주적 참정

운동이었으며, 의회선거를 제외한 나머지는 서서히 이뤄지게 됩
니다.

독일의 3월 혁명

　독일에서의 혁명을 알기 위해서, 먼저 당시 독일이 어떤 상황이었는지를 이해할 필요가 있습니다. 독일에는 자유주의의 거대한 바람이 먼저 불었습니다. 이 사상적 바람과 함께 독일에게 닥친 위기가 하나 더 있었습니다. 바로 식량문제였습니다. 농사가 제대로 되지 않아 민중은 빈곤의 상황에 놓여 있었습니다.

　이런 민중에게 희망 같은 소식이 들려옵니다. 프랑스의 2월 혁명에 대한 소식입니다. 독일의 민심은 좋은 상황이 아니었으며, 게다가 식량작품인 감자까지 흉작이 되면서 상공업과 수공업마저 마비상태가 되는 경제위기까지 닥쳤습니다. 독일 민중은 매서운 겨울 추위를 힘들게 이겨내야 했습니다.

　그러자 독일 만하임에서 수많은 민중이 집결하여 바덴 정부에게 임시적으로나마 국민회의를 소집할 것을 요구했습니다. 이런 봉기는 마인츠로까지 이어졌습니다. 이 소식은 곧바로 주변 지역까지 퍼지면서, 전국적인 집회로 확산되었습니다. 이에 군주 빌헬름 1세는 검열을 폐지하고 집회의 자유를 인정하는 전향적 태도를 보였습니다.

혁명 당시의 베를린

이런 사회적 분위기에서, 1848년 3월 5일 하이델베르크에 모인 자유주의자들과 공산주의자들은, 의회를 구성하기 위해서 먼저 7명의 위원들을 선출하였습니다. 하지만 각 연방국가들은 최대한 시간을 끌면서 민중의 요구를 사실상 거부했습니다. 결국 가시적인 결과물이 나오지 않았습니다. 오히려 독일 연방국가들은 오스트리아와 프로이센의 반응을 엿보는 것이었습니다.

프로이센의 프리드리히 빌헬름 4세는 출판과 발언의 자유를 인정하였지만, 독일 민중이 요구하는 정치적 사면과 집회와 단체를 구성할 수 있는 권리, 독립된 사법권 등을 사실상 거부했습니다. 또한 의회는 자유주의자들을 거부하면서 그들의 기관단체를 아예 해산시키기까지 했습니다.

혁명세력들은 오스트리아의 변화를 기다릴 수밖에 없었습니다. 메테르니히가 여전히 존재했던 오스트리아에도 혁명의 분위기가 닿기 시작했습니다. 특히 민족주의에 대한 탄압을 경험한 비독일계 민중이 혁명의 선두에 나섰습니다. 먼저 빈에서 혁명의 반전이 일어나게 됩니다. 급진파가 온건파를 압박하여 혁명을 주도했기 때문입니다.

과격한 세력을 앞세워 빈 외곽의 여러 기관들에 불을 질렀으며, 군대는 비무장 상태인 시위들에게 발포하면서 진압했습니다. 흥분한 민중에게 겁을 먹은 페르디난트 1세와 메테르니히는 몸을 숨길 수밖에 없었습니다. 결국 메테르니히는 영국으로 도피하게 됩니다.

16 공산당 선언

산업혁명과 인권, 그리고 선거권의 역사를 함께 보았습니다. 당대 학자들은 노동자를 위한 세계적 질서를 재조직하자는 이론을 내세웠습니다. 그것이 바로 사회주의입니다. 사회주의자들은 자유방임의 원리가 아니라, 정부가 체계를 가지고 경제와 산업을 통제하여야 한다는 주장을 펼쳤습니다. 또한 가난한 사람들을 정부가 도와야 한다고 주장하였습니다. 이는 공산주의 학자인 마르크스와 엥겔스가 이상만 제시한 공상적 사회주의자라는 평가를 듣게 됩니다.

프랑스 귀족 출신의 사회운동가 생시몽은 산업화의 미래를 내다보면서, 그에 맞는 사회구조를 재개편할 것을 제안했습니다. 그의 이론에 따르면, 생산활동을 하지 않는 이들을 유한자로 규정하고, 생산활동을 하는 산업인이 경제를 주도하자는 것입니다. 결국 이 산업인에는 모든 생산활동을 하는 시민들 모두가 포함되어야 하며, 모든 사회제도는 가난한 이들의 생업을 우선적으로 고려해야 한다는 것입니다.

생시몽, 오웬과 함께 프랑스의 공상적 사회주의자 샤를 푸리에

공산당 선언 표지

는 자본주의사회의 모순과 상업이 갖는 허위, 그리고 기존 사회적 제도를 통렬하게 비판하면서 이상적인 공동체를 제안했습니다. 그는 결혼을 폐지하고 성의 완전한 자유 등을 주장하였으며, 미국에서는 자신의 이상론에 맞는 공동체를 만들기도 했습니다.

사회주의 정치가 루이 블랑은 《노동의 조직》에서 사회작업장의 설치를 제안하였습니다. 이 사회작업장은 노동자가 공동의 이익을 위하여 노력하고 결합하는 협동조합입니다. 각자의 능력에 따라 일을 하고 각자의 필요에 따라 분배하자는 것입니다. 그래서 그는 이 사회작업장을 의회의 입법을 통해 설립하자고 주장했습니다. 이는 국가의 강압에서 비롯된 것이 아닌, 평화로운 경쟁으로 이어지는 체계를 말하는 것이었습니다.

한편 영국의 사업가 로버트 오웬은 협동촌락을 구성하였으나 호응을 제대로 받지 못했습니다. 그는 미국으로 건너가 뉴 하모니라는 이상적인 공동체를 만들었지만 실패로 돌아갔습니다. 결국 영국으로 다시 돌아온 그는 노동운동에 힘썼습니다.

이런 배경 속 1840년대에 이르러, 사회주의는 마르크스와 엥겔스에 의해 보다 과학적인 이론으로 발전하게 되었습니다. 마르크스의 이론은 당대에 있던 많은 이론을 집대성하여 독자적인 체계를 갖추게 되었습니다. 그는 헤겔의 역사적 변증법을 적용하여 정치경제학적 이론을 제시했으며,《공산당 선언》역시 그러한 맥락 속에서 나온 것입니다.

《공산당 선언》은 마르크스의 사상을 종합적으로 보여주는 책으로, '모든 사회의 역사는 계급투쟁의 역사'라고 주장하면서, 피지배계층의 중요성을 강조하였습니다. 이 사회를 발전하는 토대와 밑거름은 바로 하부구조이며, 제도와 정치, 예술 등의 추상적인 것은 상부구조로 귀결되는 것입니다. 이 책은 생산력과 생산양식은 자본주의로 이어지고, 여기서 발생한 모순은 계급투쟁으로 이어진다고 주장했습니다.

마르크스는 자본주의가 생산력의 발전을 가져왔다는 점을 부인하지 않았습니다. 그러나 그는 자본가들의 가혹한 노동환경을 질책했으며, 노동의 가치를 보다 더 중요하게 여기는 사람이었습니다. 또한 기계의 발전으로 노동자들의 실업화가 일어나게 되었고, 이러한 가혹한 환경은 노동자들에게 비참함을 가지게 하는 요인이었습니다. 결국 프롤레타리아 혁명이 일어난다고 주장하였습니다.

자본주의의 기본 원리는 자본의 축적과 투자입니다. 그런 과정 속에서 독점현상이 일어나게 되고 중소기업은 몰락하게 됩니다. 따라서 계급투쟁이 보다 더 심각하게 일어나게 되며, 프롤레타리아가 최종적으로 승리하게 됩니다. 그런 과정을 통해서 국가가 소멸하게 됩니다. 이는 착취와 그 착취를 위한 계급이 존재하지 않는 사회를 말합니다.

1848년 1월, 공산주의자연맹의 위촉으로 《공산당 선언》이 만들어졌습니다. 이에 '구성원 각자의 자유로운 발전이 곧, 자유로운 발전의 조건이 되는 협동체를 가지게 될 것'이라고 서술합니다. 공산주의에 대한 이론은 《공산당 선언》에서 보게 되었으며, 마르크스의 자본주의 이론은 《자본론》에서 확인할 수 있습니다.

17 크림 전쟁

그리스가 어떻게 독립이 되었는지 살펴본 바 있습니다. 그리스가 오스만 튀르크에서 독립한 후, 오스만 튀르크는 19세기 중반까지 쇠퇴기를 거쳤습니다. 그렇기에 오스만 튀르크는 스스로의 개혁이 절실히 필요했습니다. 그러나 유럽식 개혁이나 내부적 개혁보다 유럽의 국가질서를 분열시켜서, 그 가운데에 어느 국가와의 우호적인 관계를 맺고자 하였습니다.

유럽 열강들은 오스만 튀르크의 영토를 탐하였으나, 자칫 오스만 제국의 질서가 붕괴되거나 한 국가가 오스만 튀르크의 패권을 가지는 상황도 경계하였습니다. 오스만 튀르크의 지배에 놓여 있던 정교회 국가들은 1850년쯤 서로 충돌하기 시작하였습니다. 협조체계를 유지하던 유럽 국가들의 관계에 크림 전쟁으로 서서히 균열이 생기기 시작합니다.

크림 전쟁은 '팔레스타인의 성지를 누가 관할할 것인가?'에서 시작되었습니다. 러시아는 지속적으로 팔레스타인의 성지를 위하여 남진해왔습니다. 또한 영국과 프랑스의 경제적 이해관계도 중근동 지역과 얽혀 있었습니다. 따라서 이들 서유럽 국가들에게는

크림 전쟁 당시 벌어진 세바스토폴 포위전

러시아를 어떻게 봉쇄하느냐가 또 하나의 문제였습니다.

　러시아는 이런 서유럽 국가들에게 맞서서 '정교회 문화의 수호'라는 종교적인 정당화를 명목으로 내세웠습니다. 그러나 그리스가 독립된 이후, 그리스에는 친영국적 성향을 지닌 정부가 수립되었습니다. 전쟁위기가 시작이 된 지 8개월쯤 러시아의 특사가 콘스탄티노플에 도착하였을 무렵, 오스만 튀르크가 러시아에 전쟁을 선포하였습니다. 그러나 즉시 교전이 일어나지는 않았습니다. 1854년 1월, 영국과 프랑스의 해군이 흑해로 왔습니다. 그리고 3월 동맹이 체결되었습니다. 본격적인 교전이 일어난 때는 9월, 영국과 프랑스가 러시아에게 선전을 포고하였습니다.

　영국과 프랑스 연합군은 크림반도에 상륙하여 러시아 흑해 함대의 거점인 세바스토폴을 공격하였습니다. 2년 뒤인 1856년 3월 말에 체결된 파리 조약에 따라, 흑해에 군항을 설치하는 것과 군함의 항해가 금지되면서 러시아는 큰 타격을 입었습니다. 또한 흑해가 중립화되면서, 다뉴브 강을 자유롭게 다닐 수 있는 이점을 가진 영국과 프랑스는 흑해를 러시아 공격지로 활용하였습니다. 연합국은 오스만 튀르크의 독립보장을 명시함으로써, 크림 전쟁 이전으로 되돌리려고 했습니다.

1년 정도의 짧은 전쟁기간에 비해, 이 크림 전쟁은 상당한 사망자를 낳았습니다. 이는 이전과 다르게 무기기술이 상당한 수준에 올랐음을 의미하기도 합니다. 특히 부상에 따른 질병이 전쟁에 상당한 악재로 작용했습니다. 이 당시 백의천사 나이팅게일이 영국군의 야전병원에서 활동했으며, 이를 계기로 적십자가 창립됩니다. 전쟁 이후, 많은 나라들이 민족주의에 눈뜨게 되었습니다. 한편 전쟁에 패한 러시아에는 전쟁피해 복귀를 위하여 개혁이 불가피해졌습니다.

이탈리아의 통일

이탈리아의 통일은 이탈리아어로 재부흥, 다시 말해 고대의 부흥을 되살린다는 의미를 가지고 있는 리소르지멘토라고 부른답니다. 이는 과거, 다시 말해 고대 이탈리아를 의미합니다. 오도아케르에 의하여 서로마가 멸망된 이후, 이탈리아는 수많은 이민족들의 침략에 시달려왔습니다. 심지어 그들의 지배를 받기도 하였습니다. 수많은 지식인들과 종교인들이 이탈리아의 통일을 주장하였지만, 이런 의지를 한곳으로 모아 주도할 세력이 존재하지 않았습니다. 그래서 이탈리아의 통일은 1300년 이상 이루지지 않았습니다.

이 당시 이탈리아에는 여러 가지 사상들 가운데 자유주의와 민족주의가 다시 부각이 되면서, 혁명이 생기기 시작했습니다. 대표적으로 양시칠리아 왕국과 피에몬테에서의 혁명입니다. 이 혁명에 결정적인 영향을 미친 사건이 바로 프랑스 혁명과 나폴레옹의 등장이었습니다. 이에 이탈리아도 혁명이념으로 자유와 평화, 그리고 박애 정신을 내세웠습니다. 또한 나폴레옹의 행적은 이탈리아의 많은 민족들에게도 영향을 주었습니다.

주세페 가리발디

　오스트리아 왕가를 구성하는 합스부르크 제국에서의 독립이 그 첫 번째였습니다. 오스트리아의 지배에 대한 봉기가 전국 각지에서 일어나자, 오스트리아 군대는 철수했습니다. 피에몬테 왕국의 선전포고로 독립이 성공하는 듯 보였지만, 통일방안을 논의하는 데 있어서 여러 세력들의 갈등이 존재했습니다. 심지어 자유주의와 민족주의 세력 내부에서 분열까지 생기기 시작했습니다. 청년 이탈리아당을 조직한 공산주의자 마치니를 중심으로 한 민주공화국, 가톨릭 교황을 중심으로 종교세력, 왕국을 중심으로 한 온건파 등이 존재했습니다. 이렇게 내부적으로 분열되는 틈을 타, 오스트리아는 왕국을 점령함으로써 북부 이탈리아의 지배권을 다시 되가졌습니다.

　1800년대 중반 이탈리아의 통일은 엘리트 집단의 주도로 전개되었습니다. 피에몬테 왕국의 수상 카보우르가 대표적인 인물입니다. 그는 오스트리아를 먼저 축출하고 왕국확대 정책을 펼쳤습니다. 결국 2차 독립전쟁에서 승리하고 이탈리아 북부를 합병함으로써 통일의 첫 단추를 꿰었습니다. 1860년, 남부에서는 공화국을 주장하는 가리발디가 '적색 셔츠단'이라는 의용군을 앞세워 시칠리아를 정복하였습니다. 결국 카보우르는 나폴리와 시칠리아 대다수를 왕국에 합류하고 교황령도 장악함으로써, 의회제를 갖춘 이탈리아 왕국을 선포했습니다.

하지만 여전히 완전한 이탈리아 통일은 완성되지 못했습니다. 완전한 통일은 그로부터 10년이 지나서야 완성되었습니다. 프로이센과 오스트리아의 전쟁에서, 프로이센을 지지함으로써 베네치아를 합병하고 곧이어 로마도 얻었습니다. 1871년, 의회에서 〈보장법〉이 제정되었습니다. 이것은 교황의 종교적인 권한은 인정하되, 그 영향력은 바티칸 안으로만 한정하였습니다. 그러나 이탈리아의 곳곳에서는 여전히 분열상이 존재하였습니다.

남북전쟁과 링컨의 노예해방

잠시 시선을 미국으로 돌려볼까요. 미국은 당시 남부와 북부로 이루어져 있었으며, 남부는 노예제도를 운영하였습니다. 그 까닭은 남부의 주요 산업이 거대한 농경지를 중심으로 한 목화를 재배하거나 농경을 하는 것이었기 때문입니다. 반면 북부는 공업을 중심으로 한 공장이 중심이 되었기에 노예가 아닌, 노동자들이 주로 그 사회의 구성원이 되었습니다.

그렇다면, 남부와 북부는 어떻게 나뉘어졌을까요? 당시 미국은 각 주에 광범위한 자치권을 인정하였으며, 주권을 소유한 이들의 연맹이 아닌 연방국가로 존재하였습니다. 당시 미국을 이끈 사람은 민주주의의 아버지로 유명한 대통령 토마스 제퍼슨입니다. 이때부터 민주주의가 시작이 되고, 앤드류 잭슨 대통령 시절에 민주주의의 기반이 잡혔습니다.

이런 민주주의의 기반 위에 미국은 국가로서의 통합운동을 전개합니다. 이는 프랑스에서 나폴레옹이 황제가 되던 시기, 미영전쟁에서 비롯된 프랑스와의 긴밀한 관계와 영국과 불편한 감정에서 시작되었습니다. 사실 미영전쟁은 전쟁으로만 미국 내에서 큰 반

에이브러햄
링컨

향을 일으키지는 않았지만, 국민들을 하나로 통합하고 미영전쟁을
수행하기 위하여 미국 내 산업발전을 촉진하는 데 기여했습니다.
또한 이 전쟁은 미국의 자체적인 변화를 가져왔으며, 먼로 대통령
의 먼로주의를 통해서, 미국이 하나의 독립된 국가로서 인식하게
되는 계기를 만들었습니다.

　또한 이 당시 미국 내 영토도 많이 팽창되었습니다. 19세기에
나폴레옹에게서 넓은 루이지애나를, 이후 스페인에서 플로리다를
구입했습니다. 이후 서부로 진출하여 멕시코와의 전쟁으로 텍사스
와 캘리포니아를 획득했습니다. 결과적으로, 1850년대에 현재 미
국의 넓은 영토의 윤곽이 잡히기 시작했습니다.

　미국의 영토가 팽창되고 있을 때, 미국으로 유입되는 이민자수
도 급격히 증가했습니다. 당시 미국에는 서쪽에 인디언들의 거주
지가 있었음에도 대다수 땅이 황무지인 프론티어의 상태였습니다.
19세기 말까지 이 프론티어 개척의 역사, 다시 말해 서부개척의 역

사가 이어졌습니다.

이 서부개척은 자연스럽게 산업혁명을 진행시켰으며, 이 덕분에 미국은 농업국가에서 농업과 공업이 양립하는 국가가 되었습니다. 그러나 이 공업화는 북부지역을 중심으로 이뤄졌으며, 북부는 자본주의 경제를 강화했습니다. 반면 남부에는 노예제를 중심으로 한 면화재배를 플랜테이션 산업이 지배적이었습니다. 남부와 북부의 사회적 격차가 노예제 문제로까지 격화되는 양상을 보였습니다.

당시 남부에는 극소수인 대지주가 많은 노예를 소유하고 있었습니다. 당시 노예에게는 선거권이 없었습니다. 또한 인구비례에 따라 하원의원의 배정되는 선거제도가 정치적 모순을 야기했습니다. 상원의 경우, 서부에서 문제가 더 심각했습니다. 따라서 남부와 북부의 사회적·경제적·정치적 격차가 논쟁이 되었습니다. 이때 스토우 부인이 쓴 《톰 아저씨의 오막살이》가 출간되면서, 노예제 폐지에 대한 여론이 형성되었습니다. 이 책의 직접적인 영향을 받은 사람이 바로 노예제 해방을 주장했던 애이브러햄 링컨입니다.

이런 노예제 폐지를 둘러싸고 남북이 논쟁을 하고 있을 때, 당시 공화당의 링컨이 대통령으로 당선되었습니다. 노예해방 논쟁이 격해지자, 남부의 7개 주가 탈퇴하여 따로 국가를 만들고, 남부연합의 대통령으로 제퍼슨 데이비스가 되었습니다. 결국 갈라진 남북은 전쟁을 치르게 됩니다. 하지만 이 남북전쟁에서 남부와 북부의 차이가 현격하게 나타났습니다.

북부는 이미 발달된 공업화된 기술과 해군력을 갖추고 있었습니다. 그러나 남부는 우선 인원수도 북부에 비하여 부족하였을 뿐만 아니라, 산업구조가 공업이 아닌 농업이었기에 전쟁의 결과는 이미 예상이 가능하였습니다. 이에 남부에서 링컨 대통령의 편으로 돌아서는 장군들이 생기기 시작했습니다. 남부는 영국의 지원을 바랐지만, 이미 영국은 북부가 통제하고 있으며, 영국 또한 산업화를 갖춘 북부와의 관계를 더 중요시했습니다. 결국 남북전쟁의 승리는 북부의 몫이 되었습니다.

하지만 남북 모두 전쟁의 뒷수습은 만만한 게 아니었습니다. 남부 출신의 배우가 링컨을 암살하는 사건이 벌어졌으며, 남과 북의 갈등과 혼란은 여전하였습니다. 이를 수습하고자 했지만, 이 또한 쉬운 것이 아니었습니다. 그러다 시간이 흘러 남부의 혼란이 잠잠해지고 남부에도 산업화가 불어오자, 남북이 합친 미국은 새로운 발전으로 나가가기 시작했습니다. 정치적으로도 남부는 민주당의 견고한 기반이 되었습니다. 민주당은 현재까지 공화당과 함께 미국 정치의 거대한 양당으로서의 역할을 수행하고 있습니다.

20 독일의 통일과 독일제국 선포

독일 역시 이탈리아나 다른 나라들과 비슷하게, 프랑스 7월 혁명의 영향을 받았습니다. 따라서 독일도 혁명을 위한 길에 나섰지만 성공을 거두지 못했습니다. 혁명세력들은 헌법, 사상자유, 그리고 의회정부 등을 요구했으며, 민족주의자들은 민족통일을 요구하였습니다. 독일의 경우, 민족적으로는 하나의 언어와 문화를 공유했지만 정치적으로는 빈 회의에 따라 영방국가들의 느슨한 연합체였습니다.

따라서 민족주의자들은 이런 문화적인 공통점을 바탕으로 민족과 국가를 일치시킨 민족국가수립을 주장하였습니다. 그러나 프로이센과 오스트리아가 이 주도권을 두고 갈등을 벌였기에, '민족주의 세력이 어떤 합의점을 찾아가는 것은 쉽지 않았습니다.

독일인들이 인구의 대다수였기에, 이들이 오스트리아를 포함하여 통일된 나라를 만들지, 아니면 다민족 국가인 오스트리아를 배제하고 프로이센을 중심으로 한 나라를 만드는지 등의 여러 방안이 합의되지 않았습니다. 앞의 방안을 대독일주의로, 뒤의 방안을 소독일주의로 부르고 있습니다. 연방제 방안도 있었지만, 결정적

프랑스의 베르사유 궁전에서 독일제국의 성립을 선포하는 빌헬름 1세

인 건 아니었습니다.

　그러나 1848년 3월, 독일에서의 혁명도 실패로 매듭이 지어졌습니다. 자유주의자들과 급진파, 그리고 수공업자들이 혁명을 주도했으며, 농민들도 봉기를 일으켰습니다. 이에 위기감을 느낀 일부 제후들이 이들의 의견을 수용하였으며, 농민들에게 주어진 과도한 일부 의무를 폐지하였습니다. 프로이센에서 민족회의가 구성되었으며, 자유주의에 근거한 내각이 설립되었습니다. 따라서 헌법제정과 통일을 논의하기 위하여, 전 독일의 민족회의가 프랑크푸르트에서 개최되었습니다.

　여기서 대표자로 나선 이들이 대독일이냐, 소독일이냐를 두고 논쟁을 벌였으나, 프로이센 국왕이 대표자격으로 존재하는 소독일이 결의되었습니다. 이 민족회의는 국왕에게 황제의 자리를 권유하였으나, 국왕은 거부하였습니다. 이런 과정에서 제후들이 결국 민족회의 자체를 해산시키는 사태가 벌어졌습니다.

그해 10월, 프로이센 군대가 베를린에 주둔하였습니다. 결국 자유주의적인 재상이 자리에서 물러났습니다. 프로이센 군대는 연방 제후들을 적극 지원하여 혁명세력을 진압하였습니다. 이후에 잔류한 민족회의는 군대의 위협 속에서 자진하여 해산했습니다. 따라서 3월 혁명은 그렇게 실패로 돌아갔습니다.

1850년대는 독일이 정치적으로는 상당히 위축된 시기였으나, 경제적으로는 산업혁명 덕분에 발전기였습니다. 이런 발전은 부르주아, 다시 말해 산업자본가들의 세력이 상승되는 결정적인 요인이 되었습니다. 이런 사회적 분위기를 토대로, 자유주의 역시 큰 바람을 타고 상승할 것이라 보였습니다. 하지만 이런 급진적 분위기에 지레 겁을 먹은 독일 부르주아들은 한계를 가지고 있었습니다.

이때 등장한 인물이 바로 비스마르크였습니다. 그는 프리드리히 빌헬름 4세를 계승한 빌헬름 1세의 군사력을 올리기로 결심했습니다. 그래서 그는 군제개혁안을 두고 자유주의자가 대다수인 의회와 갈등을 빚으면서 치열하게 싸웠습니다. 비스마르크는 이 갈등을 잠재우기 위해서 빌헬름 1세는 재상으로 뽑았습니다. 그는 토지귀족 출신으로서, 외교적인 감각 역시 뛰어났습니다. 또한 마키아벨리적인 인물이었으며 현실주의적 정치감각을 지닌 사람이었습니다.

이 당시 프로이센이 주도한 민족국가는 채 완성되지 않은 민족국가였습니다. 독일이 당시 당면한 문제는 언론이나 다수결에 의한 회의가 아니라, 오로지 철과 피로써 통치를 해야 한다는 철학을 가지고 있던 프로이센의 수상 비스마르크였습니다. 결국 그는 오스트리아와 프랑스 두 나라와의 전쟁을 통하여 소독일주의에 의한 독일통일을 성취하였습니다. 특히 오스트리아와 전쟁을 할 때에는 나폴레옹 3세의 추측과 달리, 프로이센군이 단기간에 대승하였습니다. 그 결과로 맺어진 프라하 조약에서, 프로이센은 일부 지역의 권리를 양도받고 배상금 지불을 요구했습니다.

한편 프랑스가 하나의 걸림돌이라고 생각한 비스마르크는 '에 므스 전보'를 통해서 독일과 프랑스 국민들을 선동하였습니다. 그 전보내용은 빌헬름 1세의 의도와 달리, 조작되어 발표되었습니다. 이 때문에 양국의 전쟁은 피할 수 없었습니다. 파죽지세의 프로이센군을 대항하기 위해서 나폴레옹 3세가 직접 전쟁에 나섰음에도, 오히려 세당에서 포위돼버리자 프로이센에 항복하고 말았습니다. 결국 1871년, 독일제국이 프랑스와의 전쟁에서 이겼다는 기념비적 의미로, 프랑스의 가장 대표적인 건축물이자 황실을 상징하는 공간인 베르사유 궁전에서 승전이 선포되었습니다.

하지만 여전히 독일제국은 독일 전체를 통합하지 못했다는 한계를 안고 있었습니다. 이 당시 독일제국은 독일민족이 다수를 차지하던 오스트리아를 배제했으며, 아래로부터, 다시 말해 민중의 지지기반이 존재하지 않는 상부구조, 일명 소수 엘리트들로만 구성된 연방제 국가였다는 한계점을 갖고 있었습니다. 결국 독일 자체의 민중적 규합과 완전한 통일을 위해서, 민족적 지지를 확보하는 것이 독일제국의 과제로 남았습니다.

21 삼국동맹의 설립

산업혁명 이후 많은 국가들은 자국의 이익에 더욱 관심을 기울였습니다. 산업혁명으로 생산물이 비약적으로 늘었났습니다. 이렇게 늘어난 생산물을 잉여생산물이라고 합니다. 또한 자국의 안보 상황을 보다 더 중요하게 생각하는 생각 또한 이 시대에 존재했습니다. 이러한 배경에 소수민족들의 복잡한 관계성까지 존재하면서 국제질서는 매우 복잡해졌습니다.

또한 이 당시의 동맹에는 더욱 복잡한 의무사항이 따랐습니다. 이것은 전쟁이 일어난다면 즉각적인 지원을 해야 한다는 것이었습니다. 그런데 사실 전쟁은 언제 어디서 어떻게 일어날지 아무도 모르는 일이었습니다. 너무나도 작은 사건 하나가 전쟁으로 이어질 수도 있었고, 그 전쟁이 어느 정도의 범위까지 확대될지는 또한 아무도 알지 못하는 상황이었습니다.

그러므로 영국, 프랑스, 독일, 오스트리아, 이탈리아 등 여러 국가들이 서로 동맹을 주도하는 세력이 되고자 쟁탈권이 벌이기도 했습니다. 이 동맹의 근원을 타고 올라가면 프랑스와 프로이센의 전쟁에 이릅니다. 프랑스에게 승리를 거둔 프로이센은 프랑스의

빌헬름 2세

외교적 고립을 도모했습니다.

처음 독일은 러시아와 오스트리아 두 제국과 동맹을 맺었습니다. 이를 삼국동맹이라고 합니다. 이 세 나라는 상호 공통점을 갖고 있었는데, 폴란드의 영토를 분할하여 소유하고 있었으며, 모두 절대군주정 국가였습니다. 다시 말해 미국처럼 공화정이거나 영국처럼 입헌군주정이 아닌, 황제의 절대주의에 근거한 국가들이었습니다.

이 세 나라의 지도자들은 오스트리아에서는 프란츠 요제프, 독일에서는 빌헬름 1세, 러시아에서는 알렉산드르 2세였습니다. 이들은 전쟁의 위협에 마주하는 상황이 오면, 공동으로 하나의 행동을 취하기로 합의하였습니다. 그러나 독일의 정치적인 지도자 비스마르크의 희망에도 불구하고, 이 삼국동맹은 결국 해체되고 맙니다. 오스트리아와 러시아가 발칸지역에서 근동문제로 분쟁 속으로 빠지게 되었기 때문입니다. 이 분쟁을 해결하기 위해, 베를린 회의가 열렸습니다. 중립을 유지하던 비스마르크가 오스트리아의 편에 서게 되면서, 러시아와의 관계가 차가워지게 되었습니다.

결국 1879년, 비스마르크는 오스트리아와 먼저 양국동맹을 체결하였습니다. 이 동맹은 러시아가 침공할 경우, 양국이 공동으로 대응하고 수비한다는 조약이었습니다. 독일은 적대적인 국가인 프랑스를 견제하려고 했으며, 오스트리아는 러시사의 개입을 막고 발칸지역의 문제를 해결하려고 했던 것입니다.

1882년, 프랑스를 두려워했던 이탈리아가 새로운 동맹의 일원으로 참여하게 되었습니다. 이탈리아는 이들 강대국들과의 동맹을 통해 국제적인 지위가 공고해지는 것을 노렸습니다. 또한 튀니지의 병합문제에 대한 독일의 지지를 바랐던 것도 하나의 이유였습니다.

이 동맹에는 삼국동맹국의 이익에 반대되는 어떠한 동맹에도 가입하거나 지지하지 말 것, 이탈리아 또는 독일이 프랑스의 공격을 받을 경우 두 나라는 함께 프랑스에 선전포고를 할 것, 삼국 중 어느 한 나라가 둘 또는 그 이상의 나라에서 공격받을 경우 삼국은 서로 상호원조를 한다는 내용이 담겨 있었습니다. 이 동맹의 조약은 5년 이후 갱신이며 내용은 비밀로 하였습니다.

한편 갱신한 삼국동맹이 발칸문제로 와해되자, 1887년 독일제국은 러시아와 단독으로 재보장조약을 비밀리에 체결하였습니다. 이는 양국 중 어느 한 국가가 강한 나라의 공격을 받을 경우 중립을 지키는 것이었습니다. 다시 말해 비스마르크는 여러 국가와 동맹을 맺고 프랑스를 완전히 고립시켰다는 의도를 갖고 있었습니다. 이 동맹은 독일제국의 국제적 위상을 올렸습니다.

1890년, 스스로 황제로서 통치하고자 했던 독일 황제 빌헬름 2세는 재상인 비스마르크를 자리에서 물러나게 하고, 러시아와의 재보장조약을 갱신하지 않았습니다. 이에 러시아는 어쩔 수 없이 새로운 동맹국가를 찾을 수밖에 없었습니다. 이 당시에는 결국 자기 나라의 이익에 기반으로 한 시한부 동맹이 많았습니다. 그럼에도 이 삼국동맹은 이후 세계대전에서 동맹의 구조와 질서를 만든 계기가 됩니다.

22 파쇼다 사건

19세기 후반부터 전 세계 국가에는 통치의 중심축에 큰 변화가 생겼습니다. 이 시기에는 많은 국가들이 스스로 제국이라 칭하면서, 정치적 최상위 지도자들은 황제로 등극하였습니다. 이미 영국, 프랑스에서 황제가 있었으며, 독일, 오스트리아, 러시아, 오스만 튀르크에도 황제가 존재했습니다. 우리나라에도 1897년, 광무개혁을 통하여 고종이 황제로 등극하면서 대한제국의 모습을 갖추려고 했습니다.

이 당시 국가는 제국이냐, 아니면 식민지냐 이렇게 둘로 분리되어 있었습니다. 그러나 제국이라는 말은 전 시대에 걸쳐서 존재했습니다. 반면 제국주의는 19세기 이후 등장한 새로운 용어였습니다. 제국주의는 제국이 해외로의 팽창하여 국가적 이득을 취하는 것을 의미합니다.

이 제국주의 국가들은 식민정책을 통하여 식민지들을 그 아래 두었습니다. 이 식민지 역시 전 시대에 걸쳐 통하지만, 고대의 식민지와 근대의 식민지에는 그 차이가 분명히 존재합니다. 고대의 식민지는 영토를 침범하여 그 나라를 속국화한 뒤 자국민들이 그곳

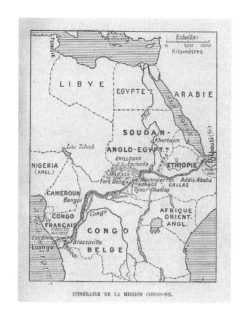

파쇼다 사건이
일어난 시기의
아프리카 정세를
나타낸 지도

에 거주하게 했다면, 근대의 식민지는 아예 정치적·문화적으로 예속화하여 생산과 소비의 경제까지 통제했습니다.

식민지를 둔 제국주의 국가가 영국과 프랑스였습니다. 파쇼다 사건은 바로 이 두 나라의 충돌에서 발생했습니다. 이 두 나라가 어떻게 식민지를 만들었는지 알아보면서, 이 충돌의 원인을 살펴보겠습니다.

먼저 영국입니다. 영국은 '해가 지지 않는 나라'로 널리 알려져 있듯, 많은 식민지들을 보유했습니다. 그러나 역설적이게도 이 영국이 위협을 받는 시기가 바로 이 시대였습니다. 영국의 해군력은 여러 국가들의 해군력을 더해도 이길 수 있을 정도로 강력했습니다. 그러나 19세기 후반, 점차 다른 국가들의 해군력이 영국의 해군력을 따라잡기 시작했습니다.

그런 상황에서 영국은 식민지정책을 주도한 정치인 세실 로즈의 구상에 따라, 대영제국을 건설하였습니다. 이는 존 스튜어트

밀 등 영국의 사회정치학자들의 동의를 얻기도 했습니다. 영국에서 세실 로즈의 영향력은 거대했습니다. 그의 주도 하에 영국은 케이프타운에서 카이로까지 아프리카 전역을 식민지로 확대하였습니다.

한편 프랑스는 영국을 제외하고 식민지를 가장 많이 가지고 있던 나라였습니다. 절정에 오른 시기에는 전 세계 영토의 10퍼센트 정도가 프랑스의 관할에 있을 정도였습니다. 프랑스는 1830년 알제리를 침략하면서, 튀니지, 모로코, 세네갈 등을 모두 확보하여 아프리카에서의 영향력을 점차 확대해 나갔습니다. 특히 프랑스는 문화적인 동화를 중요하게 생각했는데, 아프리카에서 프랑스 가톨릭을 받아들이면 시민권을 부여하는 등의 다양한 문화동화정책을 펼쳤습니다.

이 강력한 두 나라의 식민지 침략이 공통적으로 마주한 지점이 바로 파쇼다였습니다. 이 파쇼다는 수단 동부에 존재하는 백나일 강가의 작은 도시였음에도, 두 나라의 분쟁을 상징하는 지역으로 널리 알려져 있었습니다. 원래 파쇼다에 먼저 도착한 국가는 프랑스로, 프랑스는 파쇼다를 먼저 자신들의 소유로 공표하였습니다.

그러나 영국이 나일 강을 타고 와서 파쇼다를 자신들의 소유로 만들고자 하였습니다. 식민지 야욕에 불탄 두 나라는 절대 양보할 의사가 없었습니다. 결국 두 나라는 전투를 벌였으며. 군사력 우위였던 영국이 승리하였습니다. 그 결과로 1899년, 아프리카에서 양국은 협상을 맺었습니다. 영국은 나일 강까지, 프랑스는 콩고 강까지로 세 범위를 확정한다는 영불협약으로 일단락되었습니다. 이 협약은 후일 제1차 세계대전에서 양국동맹으로 이어지게 되었습니다.

1901~1945

3장

•

제국주의 팽창과
두 번의 세계대전

1

제국주의의 등장과
배경

　제국주의에 대하여 간단하게 살펴보았습니다. 이번 장에서는 제국주의가 어떤 배경에서 등장했는지를 구체적으로 알아보겠습니다. 산업혁명으로 자본주의가 전 세계로 확대되었습니다. 따라서 자본과 기술을 가진 나라는 부를 증대하기 위해서 산업화가 안 된 지역을 찾아서 투자를 시작했습니다. 해외로 진출해서 더 많은 국가, 더 많은 민족에게 자신들의 영향력을 확대하기를 바랐습니다. 이 바람은 결국 침략적 행위로 이어지면서, 정치, 경제, 사회, 문화 곳곳에 영향력을 미쳤습니다. 이처럼 식민지 개척을 위해 다른 나라를 침범한 나라를 제국주의 국가라고 합니다.

　유럽 제국주의 국가들은 그들의 목표를 달성하기 위하여 식민지정책을 펼치면서, 선진화되고 근대화된 군사력으로 무장하여 아프리카와 아시아, 그리고 라틴아메리카 지역을 침략했습니다. 이들은 이미 유럽에서 많은 전쟁을 통해서 실전경험을 충분히 쌓은 군사력을 보유하고 있었기에, 침략을 받은 국가들은 속수무책일 수밖에 없었습니다. 식민지는 제국주의 국가에서 정치, 사회, 문화 전반의 여러 간섭을 받았습니다.

세실 존 로즈의
케이프-카이로
철도계획을 풍자한
그림

이 당시 제국주의사상에 영향을 준 것은 사회진화론입니다. 사회진화론은 과학자 찰스 다윈의 진화론을 사회학적 관점에서 바라본 이론입니다. 이 사회진화론은 적자생존과 자연도태라는 두 가지 논리 하에서, 제국주의의 열망을 가진 국가들에게 사상적 뒷받침이 되었습니다.

여기서 적자생존이란 적자, 다시 말해 그 체제나 상황에 적응한 사람과 국가만이 생존할 수 있다는 이론입니다. 프랑스와 영국, 독일은 당대의 체제에서 살아남은 제국주의 국가가 됩니다. 한편 아프리카나 아시아, 라틴아메리카의 여러 국가들은 스스로 생존하지 못해서 나라가 사라질 위기에 처합니다. 이것이 바로 사회적 적자생존입니다.

자연도태란 질서에 적응하지 못한 이들은 자연스레 도태된다는 이론입니다. 결론적으로 이 논리는 생존경쟁과 자유경쟁에 따른 사회질서와 경제발전을 이룬 제국주의 국가는, 식민지 국가보다 상위에 존재할 수밖에 없다는 너무나 합리적이고 타당한 이론을 근거로 합니다.

한편 사회진화론과 함께, 당시 인종문제를 대두하게 만든 작품이 있었습니다. 1899년 2월, 영국 작가 러디어드 키플링이 쓴 《백인의 짐》입니다. 이 책은, '미개인을 지도하고 개화하는 일'은 모두 백인이 짊어져야 할 짐이라고 하였습니다. 이런 미개인들을 개화하기 위해서, 식민지에 주로 들어갔던 이들은 선교사, 교사, 의사, 기술직 등이었습니다. 이들은 주로 자신들의 종교, 문화, 교육, 기술을 전파한다는 목적을 갖고 있었습니다.

하지만 이들은 혼자 식민지에 들어간 것이 아니라, 제국주의의 관료들과 자본가들을 동행했습니다. 이들 관료들과 자본가들 역시 자신들을 보호한다는 명분으로, 본국의 군사들을 동원했습니다. 이어 군사적 보호령을 만들고, 먼저 경제, 사회, 문화를 부분적으로 예속화한 뒤 점차 정치, 사회, 군사를 식민지화하기 시작했습니다.

하지만 제국주의자들의 야욕은 수많은 갈등을 낳았습니다. 더 많은 식민지를 만들기 위해서 전쟁을 일으켰으며, 본국의 경제적 이익을 위해서 식민지를 착취하였습니다. 한편 식민지 국가의 수를 자신들의 세력을 과시하는 수단으로 삼기도 했습니다. 식민지 국가의 민중은 견디지 못하고 독립운동을 전개하기에 이릅니다.

열강들의 아프리카 분할

유럽 제국주의의 식민지는 주로 아프리카였습니다. 그 이유는 유럽과 아프리카 사이의 지역적인 관계성 때문이었습니다. 아프리카 북부지역은 고대부터 지중해 세계의 일부가 되었을 뿐만 아니라, 신항로의 발견으로 유럽인들에게 어느 정도 알려져 있었습니다. 다만, 내륙지역에 대한 발견이 늦을 뿐이었습니다. 그러다 19세기 후반 선교사들에 의하여 아프리카 내륙지역의 사정이 유럽 본토에 알려지게 되자, 유럽 열강들은 아프리카로 시선을 돌렸습니다.

특히 영국은 아프리카에 대한 영향력이 컸습니다. 빈 회의의 결론에 따라, 영국은 네덜란드에게서 식민지를 가져왔습니다. 보어인들이 북부지역으로 이동하였지만, 그들과의 전쟁을 통해서 다시 북부지역을 가져왔습니다. 한편 19세기 프랑스에 의해 수에즈 운하가 개통되자, 이집트의 재정난을 틈타 프랑스는 수에즈 운하의 주식을 다량으로 매입하면서, 최대 주주의 자리를 차지했습니다.

결국 영국과 프랑스에 반항하는 이집트 독립운동가 아라비 파샤의 저항이 일어나자, 영국은 재빨리 군대를 보내 이집트를 보호

수에즈 운하를 통과하는 선박

국화하는 데 성공하였습니다. 이후 영국은 케이프타운과 카이로를
잇는 종단정책을 추진하였습니다. 한편 프랑스는 튀르크에게서 확
보한 알제리를 중심으로 하여 아프리카 동쪽으로 탐욕의 눈길을
돌렸습니다. 19세기 말, 프랑스는 튀니지를, 남쪽으로는 사하라 사
막을 포함하여 서아프리카와 적도 아프리카를 획득했습니다. 이후
홍해의 일부와 마다카스카르를 식민지로 두었습니다. 아프리카를
횡단하려고 했던 영국과 프랑스는 파쇼다 사건을 일으키게 된 것
입니다.

한편 신생국가로서의 입지를 다져나가던 독일은 식민지 정복정
책을 국가적 위상을 높이는 수단으로 생각했습니다. 19세기 말, 독
일도 여러 지역의 식민지들을 두었습니다. 뉴기니를 먼저 얻은 독
일은, 지금의 나미비아 지역에 살고 있던 나마인과 헤레로인들을
학살하며 식민지로 삼았습니다. 또한 아프리카 동부지역으로는 지
금의 탄자니아에 해당하는 지역을 식민지화하였습니다. 그러나 늦

게 식민지 경쟁에 뛰어든 독일은, 먼저 식민지를 향해 눈을 돌렸던 영국과 프랑스 국가들과 충돌을 빚었습니다.

1884년 베를린에서, 비스마르크의 주도 하에 당시 제국주의 열강의 정치지도자들이 모여 아프리카의 분할에 대해 논의했습니다. 이 회의에서 레오폴드 2세가 다스리던 벨기에는 콩고에서의 권한행사를 인정받았습니다. 결국 아프리카의 전체적인 분할에 대한 논쟁은 점점 더 치열해지고 격해졌습니다.

이 회의는 기본 원칙을 정했는데, 먼저 식민지를 개척하면서 그 지역 주민들의 동의를 강제적으로라도 얻어낸다면, 해당 지역에 대한 제국주의 국가의 영향력을 인정해주기로 한 것입니다. 이 결과, 라이베리아와 에티오피아를 제외하고, 대다수 아프리카 영토들이 유럽 열강 아래 놓이게 되었습니다. 유럽 열강은 아프리카 식민지 국가들을 가혹하게 통치했습니다.

유럽 열강들은 자국의 이익을 위하여, 식민지 국가들에게서 상당한 경제적인 수탈은 물론, 인권탄압과 살인에 준하는 일을 서슴없이 자행했습니다. 대표적인 사례가 바로 노예무역입니다. 아프리카의 노예들은 아프리카 본국에서도 노예생활을 하였지만, 제국주의 국가에서도 비참한 노예생활을 해야만 했습니다. 당시 노예들을 제국주의 국가로 이동시키기 위해서, 큰 배가 필요했습니다. 이 배들은 상당한 열악한 구조와 환경을 가지고 있었는데, 그래서 그 배에서 각종 질병으로 병이 들거나 죽었습니다. 설령, 생존해도 그들에게 남은 가혹한 노예생활의 미래뿐이었습니다.

또한 이들은 식민지 국가들에게서 경제적인 약탈을 자행했습니다. 식민지 국가에서 나는 수많은 광산과 석유 등 원자재를 약탈했으며, 채굴권을 독점하여 제국주의 국가의 경제발전을 위해서 착취했습니다. 제국주의 국가들의 아프리카 식민지정책은 영토분할에 그치지 않고, 전방위적 수탈을 감행했습니다.

3

열강들의 아시아 태평양 분할

　신항로의 발견 이후, 포르투갈, 스페인, 네덜란드, 영국, 프랑스 등 유럽 열강은, 아시아와 태평양으로의 식민지 진출을 시도했습니다. 그 지역은 점점 시간이 흐를수록 확대되었으며, 아시아로 가장 먼저 진출한 나라가 영국이었습니다. 1840년, 영국은 중국과의 아편전쟁을 일으켰습니다. 여기서 아편은 중독성이 강한 마약으로, 당시 중국인들에게는 유럽 제국주의의 야욕이 반영된 응집체라고 볼 수 있습니다.

　처음 영국은 아편을 중국의 홍차와 교환했습니다. 그러다 아편에 중독된 중국인들은 지속적으로 늘어나면서, 이에 심각함을 느낀 중국정부와 전쟁을 치르게 된 것입니다. 영국의 승리로 결론이 나면서, 난징 조약이 체결되었습니다. 두 번의 아편전쟁으로 영국은 사실상 중국을 보호국화하였으며, 중국은 광둥과 여러 항구를 영국에게 개항할 수밖에 없었습니다.

　아시아에서 영국 식민지로 세계에 알려진 국가는 인도입니다. 동인도회사를 통해 인도에 진출한 영국은, 프랑스와의 플라시 전투에서 승리하면서 인도를 식민지로 만들었습니다. 그후 인도는

영국 동인도회사의 증기선 네메시스가 청나라 정크선을 파괴하는 모습

아주 오랜 기간 동안 영국의 식민지였으며, 독립이 된 이후 현재까지도 영국의 영향을 가장 짙게 남아 있는 나라입니다. 영국은 인도를 식민지화한 계기로 미얀마, 말레이시아, 호주까지 식민지 개척을 이뤄냈습니다.

한편 플라시 전투에서 영국에 패배한 프랑스는 인도에서 인도차이나반도로 시선을 돌렸습니다. 인도차이나반도는 베트남, 캄보디아, 라오스 등입니다. 프랑스는 이 세 국가를 합쳐서 프랑스령 인도차이나 연방을 조직하였습니다. 이들 국가 가운데 프랑스의 지배를 가장 많은 받은 나라는 베트남이었습니다. 쌀 생산이 많은 베트남은 자급자족이 가능한 농경국가였습니다. 프랑스의 침략 전에는 베트남 국왕이 모든 국토의 소유자였습니다. 식민지 후, 프랑스가 토지제도를 감행하면서, 토지의 대주주는 프랑스인이거나 상류 베트남인들이었습니다. 정작 농사를 짓는 농민에게는 조금의 토지도 허용되지 않았습니다.

한편 네덜란드의 시선이 향한 국가는 인도네시아였습니다. 네덜란드는 이미 동인도회사로 아시아 곳곳에 영향력을 뻗으면서, 네덜란드령 동인도를 조직하였습니다. 여기에 해당하는 섬들이 자바 섬, 보르네오 섬, 수마트라 섬들이었습니다. 네덜란드도 인도네시아의 농산물과 특산물을 강제로 수탈했습니다.

독일은 재상 비스마르크의 이름을 딴 '비스마르크 제도'를 아시아 태평양에 만들었으며, 마셜 제도 역시 독일의 차지가 되었습니다. 이 비스마르크 제도는 서태평양에 있는 뉴기니 섬으로, 파푸아뉴기니를 구성하는 일부 영토입니다. 마셜 제도는 오세아니아의 태평양 중서부에 있는 섬나라를 의미합니다. 두 제도 역시 여러 국가의 식민지로 존속하다가, 제2차 세계대전에서 독일이 패전국이 되면서 해방이 되었습니다.

마지막으로 살펴볼 국가는 미국입니다. 미국은 아시아 태평양 지역에 식민지를 만들기 위해서 스페인과 전쟁을 치러야 했습니다. 스페인이 가지고 있던 식민지인 쿠바, 필리핀 등을 노린 미국은 전쟁의 빌미를 찾았습니다. 1898년, 아바나 항에 정박 중인 미국의 메인 호가 폭발하는 일이 벌어졌습니다. 미국은 이 원인을 스페인에 돌리고 쿠바를 포기하라는 요구를 합니다. 스페인이 이를 거부하자 미국과 스페인의 전쟁이 일어났습니다.

당시 강력하다고 평가받던 스페인 해군이 미 해군에게 무참하게 박살이 나게 됩니다. 이에 미국은 쿠바, 푸에르토리코, 그리고 마닐라까지 모두 식민지로 두게 됩니다. 이후 쿠바는 독립을 하고, 필리핀을 식민지로 만든 미국은, 하와이, 괌 등 많은 지역을 스페인에게서 양도받게 되었습니다. 결과적으로 아시아의 많은 국가들은 영국, 프랑스, 스페인, 미국 등 제국주의 국가들의 식민지로 전락했습니다.

동아시아의 민족운동

이제 각 나라의 민족운동, 다시 말해 어떤 방법으로 제국주의에 맞섰는지를 동아시아부터 알아보려고 합니다. 특히 중국과 일본을 위주로 살펴보겠습니다.

중국은 영국과 연관성이 많습니다. 아편으로 중국인들의 건강도 안 좋아졌지만, 과도한 아편수입과, 결국 터져버린 아편전쟁으로 중국경제에도 위기가 찾아왔습니다. 그래서 당시 청나라 조정은 아편을 몰수조치를 취했으나, 쉽지 않았습니다. 결국 영국의 간섭을 받게 된 중국 내부에서 여러 운동이 일어나기 시작했습니다. 아편전쟁의 패배로 청나라의 위상도 많이 떨어졌지만, 전쟁배상금으로 인민들의 삶이 더욱 빈곤해졌습니다.

청나라의 종교가며 혁명가 홍수전이 상제회를 조직하여 난징을 수도로 삼고 베이징을 위협하였습니다. 그들은 악습을 금지하고 멸만흥한을 주장으로 내걸었지만, 서양 군대가 청나라 조정을 도와주면서 진압되고 말았습니다. 이를 계기로 서양 무기의 우수함을 알게 된 청나라는 근대적 문물도입의 필요성을 깨닫게 되었습니다.

중국의 혁명가
쑨원

 따라서 청나라 말기 정치인 리훙장과 증국번 등 고위 지방관들을 중심으로 서양의 기술을 도입하였습니다. 이를 중체서용이라고 하는데, 중국의 체제를 유지한 채 서양의 기술을 받아들이는 것을 의미합니다. 중국의 근대화를 위해서 군수, 군대, 근대식의 민병기업, 그리고 근대 학교를 운영했으며, 서양에 유학생을 보내기도 했습니다. 하지만 지속적인 운영계획이 부족한 것도 사실이었습니다.

한편 양무운동 이후 청일전쟁이 일어났는데, 전쟁의 혜택과 이득을 볼 수 알았던 청나라는 일본에게 무참히 패배하고 말았습니다. 오히려 이 전쟁은 일본 메이지 유신에 영향을 주는 계기가 되었습니다. 청나라 사상가며 정치인 캉유웨이나 량치차오 등 지식인들은 일본 메이지 유신을 본뜬 입헌군주정의 도입을 주장하였습니다. 이를 위해서 과거제를 개혁하고 새로운 교육을 시행하였고, 상공업 역시 육성하려고 했습니다. 그러나 청나라 자체의 뿌리를 바꾸는 것에 반대하는 보수주의자 서태후 등의 반대로, 이 양무운 동은 100일만에 실패로 끝났고 청나라 11대 황제 광서제는 폐위되 었습니다.

여러 열강들의 침탈과 청나라의 이권양도, 막대한 배상금 등의 이유로, 분노한 민중이 봉기를 일으켰습니다. 의화단 사건이 그것 입니다. 의화단들은 청나라를 도와 서양을 멸해야 한다는 부청멸 양을 주장하면서, 서양인들을 습격하거나 서양 문물의 상징인 교 회, 서양인들이 건설한 철도 등을 파괴하였습니다. 하지만 8개국의 연합군에 의해 진압되고 말았습니다.

당시 이 개혁의 핵심은 보수파들이었는데, 진보적인 지식들은 타국으로 도망가거나 여러 사정으로 개혁의 주도세력으로 나설 수 없었습니다. 따라서 광서제의 치세 때, 과거제를 폐지하고 신식교 육제도를 도입했습니다. 또한 신식군대를 만들어 근대적 군사체제 를 갖추었으며, 〈흠정 헌법 대강〉을 발표하여 헌법에 의한 통치를 하고자 하였답니다.

일련의 사건들로 혁명운동은 더욱 확산되었습니다. 1911년, 쑨 원의 주도로 중국 동맹회를 조직하고 삼민주의를 제창하였습니다. 이들은 정부가 철도를 국유화하는 것을 반대하였는데, 정부가 이 를 반대하자 우창에서의 봉기를 일으켰습니다. 그 결과, 중화민국 이 세워졌으며, 이 혁명군은 위안스카이와의 연대하면서 선통제가 퇴위되었습니다.

한편 일본에서도 미국에 의해 강제적인 개항이 이루어졌습니다. 미국 페리 제독의 무력시위로 미일화친조약과 미일수호통상조약 을 체결하면서 강제적으로 개항을 하게 되었습니다. 따라서 군부 를 이끌던 막부에 대한 신뢰감은 떨어졌으며, 하급무사들을 중심 으로 하여 외세를 배격하였습니다. 사쓰마번이나 조슈번의 주도로 막부를 타도하였으며, 천황 중심의 새로운 정권이 들어섰습니다.

이들은 메이지 천황을 중심으로 개혁을 했으며, 지역에서 번을 폐지하고 현을 만드는 폐번치현과 근대적인 토지세제를 확립하였습니다. 또한 신분제를 일정정도 폐지하여 근대화로 더 나아갔습니다. 군대를 조직하기 위하여 징병제를 시행하였으며, 선진문물을 익히기 위하여 해외로 이와쿠라 사절단을 파견하였습니다. 이런 변화의 움직임을 지켜본 국민들은 헌법과 서양식 의회를 만들어달라고 요구하였으나, 일본정부는 이를 탄압하였습니다. 그럼에도 일본정부는 일본제국헌법을 공표하고 의회를 설립하는 것이 입헌국가로 나아가는 과정이라는 것을 알고 있었습니다.

5 인도의 민족운동

인도는 일찍부터 동인도회사를 통해서 영국의 식민지 국가가 되었습니다. 이런 동인도회사는 경제에도 영향을 주었으며, 영국과 인도의 플라시 전투를 승리로 이끄는 데 큰 역할을 했습니다. 플라시 전투는 인도 벵골 지역에서 일어난 전투로, 벵골 태수가 동인도회사의 무역이 벵골의 경제에 타격을 준다고 생각하여, 이를 추방하려다 충돌을 빚은 사건입니다.

이때 영국군은 플라시에서 결전하여 군사적인 행동을 결의하였습니다. 군사적으로는 벵골군이 우세했으나, 이미 군사들이 영국군에 매수당하여 패배하고 말았습니다. 이 전쟁으로 벵골 지역의 통치권과 세금을 거둘 수 있는 권한을 무굴제국의 황제에게서 인정받았습니다.

인도에 대한 영국의 식민통치는 민족적 · 종교적 갈등을 조장하였으며, 토지세금은 막대했으며 면화재배를 강요하고 면직물을 강제로 값싸게 팔도록 했습니다. 이러한 수탈로 인도인들의 생활은 매우 궁핍해졌습니다. 또한 인종차별과 종교갈등은 인도 종교에서 금하는 동물에서 짜낸 기름문제로까지 파급되었습니다.

영국 동인도회사의 세포이 항쟁

　동인도회사의 용병인 세포이들의 봉기까지 이어졌지만, 영국군
의 진압으로 실패로 돌아가고 맙니다. 이를 세포이 항쟁이라 부르
는데, 이 계기로 동인도회사는 해체되고 〈인도 통치 개선법〉이 제
정되었습니다. 이후 무굴제국의 황제가 폐위되고 인도제국이 수립
되었습니다. 결국 영국의 빅토리아 여왕이 인도를 직접 지배하면
서, 인도는 영국의 완벽한 식민지가 되었습니다. 하지만 세포이 항
쟁은 인도 최초의 대규모 민족운동이었다는 점에서 의미를 갖습
니다.

　식민지시기에도 서양식 근대 교육을 받는 지식인들이 늘어났
습니다. 또한 면직물 공업으로 인도 자본가들이 등장했습니다. 한
편 인도 철학자며 개혁적 사상가인 람 모한 로이가 '브라만의 모임'
이 브라흐마 사마지 운동을 벌였습니다. 그는 힌두교의 순수한 교
리로의 회귀를 주장하였습니다. 이들은 우상숭배를 철저히 배격하
고, 인도의 신분제도인 카스트제도를 반대하며, 남편이 세상을 떠

나면 그 아내도 함께 화장하는 악습으로 여겨진 사티 등의 여러 폐
습을 없애고, 여성의 권리를 올리며, 인도인의 교육을 확대하자는
등의 개혁을 추진하고자 하였습니다.

영국은 이런 지식인들을 포섭하였으며, 인도인들을 회유하기
위해서 지식인들, 관리, 민족운동가 등을 지원하였습니다. 이렇게
인도국민회의가 결성되었습니다. 이 인도국민회의는 초반에는 영
국에 협조적인 태도를 보이며, 인도인들의 권리와 이익을 확보하
는 데 주력하였습니다. 그러나 이들은 점점 반영운동을 펼치는 노
선으로 바뀝니다.

그 계기가 되는 사건이 1905년, 벵골을 분할하겠다는 영국의 명
령이었습니다. 영국은 인도에서의 민족운동 약화와 와해를 위하여
종교를 이용하였는데, 그것이 바로 힌두교와 이슬람교 사이의 갈
등과 분열이었습니다. 이를 통해 효과적인 식민통치를 꾀하려고
했습니다. 이 벵골 지역이 영국의 식민지화를 위한 최대 거점이었
으며, 반영운동이 지속적으로 일어난 곳이기도 합니다. 그만큼 의
미를 갖는 벵골 지역은 영국의 종교정치에 의해 이슬람교가 거주
하는 동벵골과 힌두교가 거주하는 서벵골로 나뉘고 말았습니다.

1906년, 인도국민회의는 콜카타에서 대회를 열어 네 가지의 강
령을 발표했습니다. 이것은 영국 상품을 사지 않겠다는 것, 인도인
이 스스로 자치권을 행사할 수 있는 스와라지, 인도 상품을 애용하
겠다는 국산품 장려의 스와데시, 그리고 국민들의 교육을 진흥하
자 등이었습니다.

인도이슬람교도연맹이 초기에는 영국의 후원을 받았으나, 점
차 인도국민회의를 지지하는 노선으로 전향하였습니다. 영국이 종
교를 이용하여 인도분열을 시도하였으나, 오히려 인도인들의 저항
의지와 의식만 키웠습니다. 인도인들을 회유하기 위해 만든 인도
국민회의도 결국 인도인들의 독립운동과 민족운동에 활용되었습

니다.

결국 영국은 벵골 분할령을 1911년에 폐지하는 것 이외에는 방법이 없었습니다. 또한 콜카타 대회에서의 4대 강령 가운데 인도인들의 자치권을 명목상으로나마 인정해주었습니다. 인도국민회의와 콜카타 대회는 인도인에게 민족의식을 고취하였으며, 민족자본가들을 육성하는 경제적 영향도 주었습니다. 인도 독립운동가 간디와 네루가 진행할 독립운동에도 큰 영향을 주게 됩니다.

6 서아시아의 민족운동

서아시아 역시 제국주의의 야욕에서 비켜나가지 못했습니다. 오스만 튀르크 제국, 아라비아, 이란, 이집트 등이 모두 제국주의의 피해를 받았습니다. 특히 이 지역들은 석유 등의 천연자원들이 많은 곳이기에, 제국주의 국가들의 먹잇감이었습니다.

먼저 오스만 제국부터 살펴보겠습니다. 19세기 그리스는 수많은 식민지배 체제 아래 놓여 있던 국가였기에, 그리스 독립은 상당히 오스만 제국에게는 고무적인 반응을 주었습니다. 또한 세르비아와 이집트가 자치권을 획득한 것 역시, 오스만에게는 민족운동의 배경이 되었습니다.

세르비아의 경우, 수많은 호족과 사제들이 농민들을 이끌고 투쟁했으며, 여러 과정을 통해서 지금의 튀르키예 자치권을 받았습니다. 또한 이집트 역시 오스만 튀르크의 영향력 아래 존재했지만 자치권을 인정받았습니다. 하지만 여전히 영국과 러시아는 지속적으로 압박을 가했습니다.

1839년, 입헌파 개혁관료 미드하트 파샤가 탄지마트은혜개혁를 추진하였습니다. 이 당시의 술탄은 압둘마지드로, 그는 근대화를

무함마드
알리

추진하는 개혁자였습니다. 이 개혁은 개혁주의 관료들을 중심으로 진행되었는데, 술탄 압둘마지드는 장미의 방 칙령으로 탄지마트를 선포하였습니다. 이 당시 오스만 제국의 전 근대적인 제도를 대대적으로 개혁하고자 했습니다.

특히 가장 중점개혁은 바로 군사개혁이었습니다. 기존의 군복을 근대식 군복을 개편했으며, 납세와 군역의 의무를 부과했습니다. 이는 무슬림이 아닌 사람들에게 동일하게 적용되었습니다. 또한 유럽의 근대화와 이념에 따라, 행정, 토지, 교육, 사법 등 전방위적 개혁을 시행했습니다. 이 개혁은 술탄의 새로운 정치적 기반까지 포함했습니다. 그러나 이 탄지마트는 성공을 거두지 못하고 맙니다. 보수주의자들의 반발과 외세의 간섭 때문이었습니다. 이에 반발하여 헌법부활, 세금제도개혁, 산업육성의 기치를 내건 청년 튀르크당이 봉기를 일으키기도 했습니다.

이제 시선을 아라비아로 돌려볼까요, 아라비아에는 이슬람학자

압둘 와하브가 주도하는 이슬람 종교운동이 일어났습니다. 압둘 와하브은 이슬람이 경전인 코란과 예언자의 범례인 수나로 돌아가자는 일종의 '이슬람 근본주의와 복고주의'를 주장했습니다. 이 운동은 군사적으로 확대되면서, 이슬람 국가들에게 큰 영향을 주었다. 1932년, 아라비아 와하브 왕국은 지금의 사우디아라비아로 발전하게 됩니다.

이란에서 영국이 독점하고 있던 담배산업에 대한 저항이 생겨났습니다. 이런 반영운동의 일환으로 담배에 대한 불매운동이 일어나자, 카자르 왕조가 담배산업의 권한을 돌려받게 되었습니다. 하지만 영국에 막대한 배상금을 지불하게 됨으로써, 오히려 이 사건은 영국에게 경제적으로 종속되는 결과를 초래하고 말았습니다. 반영운동은 점차 입헌정치, 다시 말해 헌법에 의거한 정책을 만들자고 주장한 국민의회로 발전합니다.

마지막으로, 19세기 초 이집트에는 무함마드 알리가 총독이 되면서 근대화를 추진하였습니다. 오스만 튀르크에게서 자치권을 획득했지만, 이집트에게 큰 문제가 하나 있었습니다. 수에즈 운하 건설을 위해 영국과 프랑스에서 막대한 차관을 얻은 이집트는 이들 나라의 내정간섭을 받게 된 것입니다. 이런 간섭에 반발하여, 당시 군부를 이끌던 아라비 파샤는 애국당을 결성하여 의회를 장악했습니다. 당황한 영국과 프랑스는 이집트 민족주의자들을 제거하려 했습니다.

결과적으로 1882년, 영국군이 알렉산드리아를 점령하고, 이어 아라비 파샤 군대를 정복하였습니다. 승리한 영국은 1914년, 이집트를 보호국으로 만들었습니다. 1년 동안 군부를 동원하여 집권에 성공한 아라비 파샤의 민족운동은 그렇게 종료되고 말았습니다. 그러나 이 운동은 범국민적인 동의와 지지를 얻었으며, 아래로부터의 민족운동이라는 평가를 받았습니다.

동남아시아의 민족운동

동남아시아 역시 민족운동을 전개하였습니다. 먼저 프랑스의 식민지였던 베트남은 근왕운동을 전개하여 프랑스에 저항하였습니다. 베트남은 두 차례의 사이공 조약으로 프랑스의 식민지가 되었습니다. 1885년, 청나라가 청불전쟁에서 패배하면서 베트남에 대한 영향력을 상실하게 되자, 프랑스만이 베트남 황실의 실권을 장악하게 되었습니다.

이에 베트남 황제가 전국 관료들에게 '대불항쟁에 나서달라'는 호소문을 냅니다. 이 호소문이 효과를 발휘하면서, 관료, 학자, 지주 등이 전국 각지에서 군사를 일으켰습니다. 이에 프랑스는 동경제를 새로운 황제로 즉위시키게 됩니다. 황제의 호소로 움직인 혁명세력들이 황제의 명령에 의해 해산돼버린 것입니다. 결국 호소문을 낸 황제과 조정은 불법혐의와 반역죄로 처단당하고 말았습니다. 관료들 가운데 친프랑스파가 나오면서, 근왕운동은 막을 내리게 되었습니다.

근왕운동 이후, 베트남을 위하여 나선 사람은 민족주의자며 독립운동가 판보이쩌우입니다. 그가 결성한 베트남 유신회는 철저한

호세 리살

반프랑스 조직이었으며, 독립운동을 위하여 무기를 획득하고자 하였습니다. 당시 베트남 내부에서는 프랑스의 감시가 심했기 때문에, 그는 일본의 지원을 요청하기 위해서 일본행에 오르다, 중국의 언론인이며 정치사상가 량치차오를 만나게 됩니다. 량치차오는 판보이쩌우에게 일본에게서 무기보다 근대적 학문을 지원을 받으라는 조언을 합니다. 이후 판보이쩌우는 일본에 유학생을 보내 베트남 근대화를 위한 동유운동을 펼치게 됩니다.

유신회의 급진파는 여전히 무력적인 운동을 위하여 무기구입을 요구하였습니다. 그러나 무기구입이 그리 만만하게 아니었습니다. 프랑스가 동유운동을 감시하자, 일본으로의 유학이 힘들어지기 시작했습니다. 그 때문에 유신회는 유명무실해지기 시작하였으며 그들의 활동은 신해혁명으로 끝을 맺고 말았습니다. 이후 광복회가 조직되고 공화정을 지향하는 민족운동이 전개되었습니다.

한편 필리핀은 스페인의 지배를 받고 있었습니다. 이 필리핀은

16세기에 마젤란에 의해 발견되었는데, 300년 넘는 시간 동안 필리핀은 스페인의 식민지배를 받았습니다. 이런 식민지배에서 걸출한 두 명의 민족운동가가 나옵니다.

먼저 필리핀 민족동맹을 조직한 호세 리살입니다. 스페인에서 공부를 한 호세 리살은, 1882년 내부에서의 개혁과 독립을 주장하면서 언론활동을 펼쳤습니다. 필리핀에 대한 스페인 제국주의의 만행을 비판한《나에게 손대지 말라》를 출간하였습니다.

이 책 제목에서 '나'는 호세 리살을 의미하기도 하지만, 곧 필리핀을 의미하기도 했습니다. 이처럼 그는 필리핀 국민의 대변자 역할을 충실히 수행했습니다. 호세 리살의 필리핀 민족동맹은 사회개혁의 운동을 전개하게 됩니다. 하지만 결국 호세 리살은 섬으로 유배되고, 민족주의 비밀결사의 폭동에 연루되었다는 혐의로 처형되었습니다.

다음으로 필리핀 공화국을 선포한 정치인이며 독립운동가 에밀리오 아기날도입니다. 1895년, 아기날도는 비밀결사 결성에 참여하면서 독립지도자로 활동하였습니다. 다음 해인 1896년, 혁명이 일어나자 혁명군과 함께 그는 필리핀의 독립을 선언하였습니다. 이렇게 사회지도자의 역할을 해오던 그는, 1897년 혁명정부가 들어서자 대통령이 되었습니다. 그러나 그는 필리핀 총독의 회유로 홍콩으로의 망명길에 오르게 됩니다.

1898년 미서전쟁이 일어나자, 그는 미 해군의 지원을 받아 귀국하였습니다. 스페인에 대한 대항전쟁으로 혁명정부가 들어서자, 그는 다시 대통령이 되었습니다. 미국이 필리핀을 침략하자, 이번에는 저항의 대상을 스페인에서 미국으로 전향합니다. 그렇게 그는 독립운동을 전개하다가 1901년 미국에게 체포되면서, 필리핀 독립운동은 내리막길을 걷게 되었습니다.

한편 인도네시아는 네덜란드에 저항하였습니다. 19세기 초, 런던 조약으로 네덜란드는 국제사회에서 인도네시아 지배권을 인정 받았습니다. 인도네시아에는 무수히 많은 섬들이 존재합니다. 이처럼 많은 섬들에는 다양한 문화가 존재했습니다. 이러한 악조건이 인도네시아의 단결된 모습을 만들지 못했습니다.

이런 상황에서 인도네시아의 자강을 부르짖는 부디 우토모라는 단체가 만들어졌습니다. 독립운동을 진행했던 이 단체는 학생들을 중심으로 활동하였지만, 네덜란드의 음모로 오히려 대중적 의심을 받게 됩니다. 한편 내부적 분열과 자금 문제로 1935년, 이 단체는 해체수순을 밟았습니다. 이후 독립운동은 이슬람 세력과의 협력으로 유지되었습니다.

마지막으로 태국은 유일하게 동남아시아에서 독립국으로 남을 수 있었습니다. 당시 왕조가 짜끄리 왕조였습니다. 태국은 지리적인 특성상 영국과 프랑스 사이에서 식민지 국가로 존재했습니다. 그래서 어느 한 국가에게 의존하지 않았던 태국에는 별다른 독립운동이 존재하지 않았습니다. 오히려 태국의 능숙한 외교정책으로 중립국으로서의 위상을 지키고 있었습니다.

아프리카의 민족운동

아프리카는 서양 제국주의의 침략에 가장 큰 피해를 받은 대륙이었습니다. 따라서 가장 많은 민족운동이 일어난 지역이기도 합니다. 에티오피아와 라이베리아를 제외하고, 거의 대다수의 나라에서 민족운동이 전개되었으며, 이를 통해 아프리카의 독립의지를 세계에 널리 알렸습니다.

먼저 가볼 나라는 알제리입니다. 알제리는 1830년 7월에 오스만 튀르크의 지배에서 벗어났습니다. 그러나 내부적으로 수많은 부족들 사이의 대립과 분열로 혼란에 빠졌습니다. 프랑스는 이 틈을 노려 1843년, 알제리를 식민지로 만들었습니다. 이 당시 프랑스가 내세운 명분은 프랑스 해역에 속출하는 해적들의 소탕이었습니다.

이 당시 알제리의 다양한 부족들과 프랑스는 전쟁을 통해 지금의 국경을 확정하였습니다. 많은 프랑스인들이 알제리로 넘어오면서 문화적 · 종교적인 투자를 하였지만, 알제리인들은 자신들과 맞는 문화와 종교에 대항했습니다. 알제리의 민족운동가 에미르 압델카데르는 게릴라 전술을 펴면서 무장투쟁을 전개하였습니다.

영국군과 줄루왕국의 전투를 묘사한 그림

　다음은 수단입니다. 수단은 영국의 식민지배를 받고 있었습니다. 이런 식민지 상황에서 이슬람 사회운동가 무함마드 아마드는 스스로를 마흐디, 다시 말해 수단의 구원자로 선포하면서, 오스만과 서구 열강들의 지배에서 벗어나고자 지하드성전를 벌였습니다. 당시 수단은 다민족국가였는데, 그래서 독립운동을 위해서 흩어져 있는 힘을 한데로 모아야 했습니다. 이들에게 이 신화적인 지도자 아마드의 등장은 희망이나 다름없었습니다.

　1881년, 아마드가 이끄는 마흐디군은 정부군에 대항하여 승리를 처음 거두었습니다. 한 해에 두 번 전쟁에서 승리한 무함마드 아마드는 움두르만을 수도로 정하고 새로운 정부를 조직하고자 하였습니다. 무함마드 아마드가 죽은 후, 많은 지도자들이 마흐디 운동을 지휘하면서 신의 사도의 대리자라는 의미로 칼리파로 불리었습니다. 이러한 신앙생활은 민족운동의 동력으로 여겨졌습니다. 하지만 1899년, 영국의 키체너 장군에게 패배하고 수도 역시 함락되면서, 마흐디 운동은 종지부를 찍게 되었습니다.

나미비아에서는 독일에게 저항하며 헤레로족이 봉기를 했습니다. 헤레로족은 나미비아와 앙골라 등의 지역에서 거주하는 민족으로, 인권유린에 가까운 독일의 식민지배 정책과 가혹한 수탈에 시달려 봉기를 일으킨 것입니다. 독일의 중단 경고에도 헤레로족은 봉기를 멈추지 않았습니다. 결국 독일은 강력한 무기로 헤레로족에게 제노사이드급 학살을 벌였습니다. 이 학살로 전체 인구의 80퍼센트에 달하는 사람들이 죽거나 다쳤습니다. 결국 봉기는 학살로 마무리돼버렸습니다.

아프리카의 줄루 왕궁은 나탈 지역에서 다이아몬드 광산이 발견되면서, 영국의 식민지 타깃이 되어 끊임없이 침략을 받았습니다. 영국의 침략명분은 줄루 왕국과 주변국들 사이의 분쟁을 중재하고자 하는 역할이었습니다. 이산들와나 지역에서 영국군과 전쟁을 벌였습니다.

이 당시 병력은 영국군 1,800여 명, 줄루 왕국은 2만 명으로 수적인 면에서 영국이 상대가 안 되었지만, 무기에서 큰 차이가 났습니다. 그럼에도 이 전쟁에서 신식무기로 무장한 영국을 지형지물을 철저하게 이용한 줄루왕국의 군대가 승리를 거두었습니다. 이 전쟁은 아프리카인들이 강대국 영국을 대상으로 싸워서 이긴 가장 큰 전투였습니다.

마지막으로 에티오피아입니다. 에티오피아는 아프리카에서 식민지 피해가 가장 없는 국가로 알려져 있습니다. 그 이유는 에티오피아의 마지막 황제 메넬리크 2세의 여러 근대화 정책이 한몫했기 때문입니다. 여러 부족으로 갈라져 있던 에티오피아를 통일한 황제 메넬리크 2세는, 1895년 아도와에서 벌어진 이탈리아와의 전투에서 승리를 거두었습니다. 이 당시 이탈리아군은 에티오피아의 지형지물을 제대로 활용하지 못했습니다. 그래서 에티오피아는 스스로 독립국가의 지위를 유지할 수 있었습니다.

한편 메넬리크 2세는 도로를 만들고 다리를 놓아 교통을 편리하게 했습니다. 그뿐만 아니라 근대적인 교육체계를 도입하였으며, 무기를 수입하여 군대를 훈련시키는 등 다방면으로 에티오피아를 근대화의 길로 한 단계 발전시킨 군주였습니다.

9 삼국동맹과 삼국협상

삼국동맹의 주장은 유럽의 현상유지였습니다. 사실 몇몇 국가들은 이를 원하지 않았습니다. 특히 프랑스는 프로이센과의 전투에서 패배하여, 독일을 견제하기 위해서 많은 노력을 기울였습니다. 다른 국가들도 마찬가지였지만, 대표적으로는 러시아와 영국이 그러했습니다.

프랑스는 제3공화정을 만든 뒤 러시아와 동맹을 맺었습니다. 러시아는 당시 산업적으로 많은 재정을 필요로 했는데, 프랑스 정부와 금융계에게서 러시아에 관심을 많이 두고 있었습니다. 그래서 프랑스는 러시아와 비밀리에 조약을 체결했습니다. 양국을 견제하는 국가의 군사적 위협이 있을 경우, 가능한 모든 병력을 동원해서 지원해주기로 한 것입니다.

이후 프랑스 외무장관 테오필 델카세는 영국과의 우호적 관계를 갖고자 노력했으며, 에드워드 7세가 영국 왕으로 즉위하자 화친 협상을 체결하였습니다. 이 협상으로 프랑스는 이집트에서의 영국이 철수해야 한다는 주장을 철회했으며, 영국은 모로코에 대한 프랑스의 우선권을 인정해주었다. 또한 양국은 북아프리카 분쟁에

1914년 러시아에서
제작된 삼국협상
포스터

대해 상호적 외교지원도 비밀리에 약속하였습니다. 결국 두 나라의 상호적 세력균형을 꾀한 것입니다.

20세기에 들어오면서, 유럽에서 우세한 산업화와 군사력을 보유한 영국을 다른 국가들도 바짝 따라오기 시작했습니다. 프랑스와 미국이 산업화를 본격적으로 추진함에 따라, 영국만의 독점적 무역체계를 이끌어 갈 수는 없었습니다. 독일과의 경쟁이 가장 대표적이었습니다.

19세기 말 독일 황제가 해군을 강화하겠다고 밝히면서, 영국과의 경쟁구도가 짜였습니다. 1904년, 영국은 프랑스와의 화친협상을 통해 지중해 문제를 프랑스에 일임했습니다. 이후 북해에 집중된 영국 해군은 독일 해군의 위협을 대비해야만 했습니다. 게다가 범슬라브주의에 대응하고자 범게르만주의를 내세운 독일은, 세계 제패를 선포하면서 오스트리아-헝가리, 이탈리아와 삼국동맹을 맺자, 영국은 이 또한 견제해야 할 대상이었습니다. 결국 유럽은 영국과 프랑스 진영과 독일 진영으로 양분되기 시작했습니다.

한편 페르시아, 아프가니스탄, 티베트 등 중동에서 독립문제가 등장하자 영국은 러시아와도 대립을 하게 되었습니다. 하지만 삼국동맹의 존재감이 유럽 내부의 긴장감을 야기하였기에, 영국과 러시아의 대립은 지속하기 어려웠습니다. 그래서 양국은 세력범위를 확정짓는 것이 이득이라고 생각했습니다. 이에 페르시아의 북부는 러시아가, 남동부는 영국이, 중부는 중립으로 하였습니다. 아프가니스탄은 러시아가 군사적 공격을 하지 않는다는 조건 하에 영국의 영향력을, 티베트는 중국의 영향력을 인정하는 조항을 더 했습니다.

영국과 러시아의 협상은 1893년에 맺어진 러시아와 프랑스의 동맹과, 1904년에 체결된 영국과 프랑스의 협상과 연장선상에 있습니다. 결국 침략욕에 불탄 독일을 견제하고 포위하기 위한 전술적 협상이라고 할 수 있었습니다. 이 협상은 제1차 세계대전에서 연합국으로 발전하는 전기를 마련합니다.

10 팽창의 대립과 모로코 사건

영국과 독일의 대립은 일회성에 지나지 않았습니다. 영국은 3C 정책이라고 하여 카이로와 케이프타운 그리고 콜카타를 연결하였습니다. 반면 독일은 3B 정책이라고 하여 베를린, 비잔티움, 바그다드를 연결하는 철도를 건설하였지요.

원래 독일은 이 지역에 대해 관심이 없었습니다. 그러나 1888년 튀르크에게서 앙카라와 하이달파샤 사이의 철도부설을 할 권리를 얻은 이후, 청일전쟁과 러일전쟁으로 동아시아에 대한 관심을 갖게 되었습니다. 1년 뒤 독일 황제가 직접 튀르크를 방문하였습니다. 이후, 철도부설권도 얻었습니다. 1903년 독일은 바그다드에 철도회사를 만들고, 쿠웨이트까지의 여러 이권들을 얻었습니다. 이것이 여러 나라들과 대립적인 관계를 형성하였습니다.

독일은 아시아로의 진출을 확대하려고 하자, 결국 영국과 부딪히게 되었습니다. 독일의 3B 정책은 인도를 식민지로 둔 영국의 3C 정책에 충돌하기도 했습니다. 이런 상황에서 독일은 모로코를 두고 프랑스와도 갈등을 빚었습니다.

모로코는 지리적으로 대서양과 지중해를 연결하는 중요한 지역

인지라, 19세기 후반 여러 유럽 열강들의 분할대상이 되었습니다. 마드리드 조약으로 모로코의 독립은 인정이 되었으나, 여전히 프랑스는 모로코 침략욕을 버리지 않았습니다. 이 모로코에서 프랑스와 독일 사이의 두 차례 대립이 일어난 것입니다. 이것이 모로코 사건입니다.

제1차 모로코 사건은 1905년 독일 황제 빌헬름 2세가 모로코의 탕헤르 항을 방문하여, 모든 나라가 모로코 독립을 존중하고 인정하여야 한다고 선언하면서 시작되었습니다. 프랑스 정부도 빌헬름 2세의 선언을 존중하고 받아들이고, 국제회의를 개최하는 데에 찬성하였습니다.

알제시라스에서 열린 이 회의에 참여한 각국의 대표는 모로코의 주권과 독립 등을 논의하여 합의점을 도출하였습니다. 이 합의로 프랑스는 모로코를 보호국화하겠다는 계획을 포기해야 했습니다. 다만 프랑스는 스페인과 함께 외국인을 보호하고, 모로코의 질서를 유지하겠다는 명목 하에, 모로코 내부에서의 경찰권을 가지게 되었습니다. 이 당시 영국과 프랑스 사이에서 결속력이 매우 짙었기 때문에, 사실 독일은 모로코를 포기할 수밖에 없었습니다.

1907년, 프랑스는 질서유지 명목으로 모로코에 군대를 파견했으며, 이듬해인 1908년에는 외인부대의 탈영병을 체포한다는 명분으로 카사블랑카에 있던 독일 영사관에 침입하였습니다. 결국 독일은 1899년에 창설된 헤이그 국제중재재판소에 소송을 제시하였습니다. 이때 독일이 소송을 건 이유는, 독일이 모로코에 관심을 둔 것은 정치적인 것이 아니라 경제적이라는 것 때문이었습니다. 하지만 프랑스도 그 어느 국가에게도 모로코에 대한 경제적 혜택을 허락하지 않는다는 입장을 고수했습니다.

1911년, 제2차 모로코 사건이 일어났습니다. 이 사건은 모로코에 살고 있던 베르베르인들이 반란을 일으킨 것이 그 계기가 되었

제2차 모로코 사건 이후인 1912년 3월 30일 모로코에 주둔 중인 프랑스군

습니다. 그 반란으로 프랑스는 분쟁지역의 치안과 공안, 안정을 위하여 군대를 파견하여 페즈 지역을 점령하였습니다. 이에 독일은 대응하여 군함 판터 호를 아가디르 항에 급히 파견하였습니다. 그래서 제2차 모로코 사건을 아가디르 사건이라고도 합니다.

이 당시에도 영국은 역시 프랑스를 단단하게 지지하였습니다. 따라서 독일은 프랑스군에게 양보할 수밖에 없었습니다. 그 결과, 프랑스와 독일 사이에 협정이 체결되었습니다. 프랑스는 독일에게 콩고의 북부지역을 떼어서 주고, 독일은 모로코에 대한 프랑스의 영향력을 인정할 수밖에 없었습니다. 결국 프랑스는 모로코를 보호국화하는 데 성공하였습니다.

유럽 민족의 대립

당시 유럽 민족은 크게 두 집단으로 나뉘어 존재하였습니다. 범게르만주의와 범슬라브주의. 여기서 범게르만주의와 범슬라브주의의 앞에 붙은 '범'은 모두 또는 아우른다는 뜻으로, 모든 게르만족과 모든 슬라브족을 아우른다는 의미합니다.

게르만족은 오늘날 스웨덴, 덴마크, 노르웨이, 아이슬란드, 앵글로색슨, 네덜란드, 독일인 등이 모두 여기에 포함되지만, 여기서 말하는 게르만족의 중심부는 독일인입니다. 슬라브족은 러시아, 폴란드, 체코, 슬로바키아, 불가리아를 포함합니다. 현재 동부 유럽과 북부 아시아에 있는 민족이 슬라브족입니다.

이 당시에는 독일, 오스트리아-헝가리 제국과 러시아 그리고 슬라브계 민족들 사이의 대립구도가 형성되어 있었습니다. 이러한 민족적 대립구도는 이후 전쟁으로 이어지는 원인이 되었습니다. 결정적인 전쟁은 유럽 남부에 있는 지역인 발칸에서의 전쟁이었습니다. 1908년, 보스니아와 헤르체코비나 두 지역을 병합하여 오스트리아는 강대국이 되었습니다. 따라서 오스트리아가 발칸지역으로 진출하는 데 있어서 경계해야 할 나라가 러시아였습니다.

러시아는 발칸에서의 상호유대와 결속력을 꾀하게 되었습니다. 그 결과, 1912년 불가리아, 세르비아, 그리스, 몬테네그로 사이의 동맹체인 발칸동맹이 만들어졌습니다. 원래 러시아는 이 발칸동맹을 바탕으로 오스트리아에 반대하는 동맹체를 결성하고자 할 계획이었습니다. 하지만 발칸은 튀르크 제국에 대항하여 튀르크의 영토를 얻는 데에 목적을 두고 있었습니다.

1912년, 발칸동맹은 유럽 열강들이 제지를 했음에도 불구하고, 오스만 튀르크 관할 내부에 있는 식민지 국가인 마케도니아, 알바니아의 독립운동을 지원한다는 명목을 세워졌습니다. 이 명목으로 몬테네그로가 먼저 오스만 튀르크에게 전쟁을 포고하였으며, 다른 세 나라도 오스만 튀르크와 전쟁을 시작하였습니다. 열강들은 튀르크의 승리를 예상하고 우려를 표했지만, 결과는 그 반대로 튀르크는 전쟁에서 거듭 패배하고 말았습니다. 따라서 휴전이 필요해지자 휴전을 맺게 됩니다.

이후 런던에서 아드리아노플 등의 영토할양을 위한 강화회의가 열렸지만, 회의는 순조롭게 진행되지 않았습니다. 1913년, 튀르크에서 청년 튀르크당의 쿠데타가 일어나자, 동맹국은 휴전을 취소하고 전투를 다시 일으켰습니다. 그해 5월, 강화조약이 맺어져 발칸에서의 동맹은 오스만 튀르크와 콘스탄티노플 주변의 지역을 제외하고, 유럽 대륙에 존재하는 영토의 전부와 크레타 섬을 할양받았습니다.

이 강화조약에서 영토분배가 하나의 쟁점으로 떠올랐습니다. 특히 발칸에서의 동맹체 내부에서의 대립이 그것이었습니다. 6월, 불가리아가 갑작스레 세르비아와 그리스를 공격해왔습니다. 따라서 발칸에서 두 번의 전쟁이 발생하게 되었습니다. 앞선 전쟁을 제1차 발칸전쟁, 이 전쟁을 제2차 발칸전쟁이라고 합니다.

이 전쟁으로 몬테네그로, 세르비아, 그리스, 루마니아, 튀르크

사라예보 사건을
묘사한 삽화

등은 불가리아에 전쟁을 선포합니다. 이 결과, 불가리아는 모든 전쟁에서 잇따라 패배하는 결과를 마주하게 되었습니다. 불가리아 자체의 군사력으로는 연합국가들에게 상대가 되지 않았기 때문입니다.

7월 부쿠레슈타에서의 강화회의가 열렸습니다. 이 조약이 성립되자, 불가리아는 루마니아에게 도브루자를 할양하게 되고, 그리스와 세르비아는 불가리아에게서 마케도니아를 얻었습니다. 그리스는 카바라 일대의 땅을 얻었습니다. 불가리아는 제1차 발칸전쟁의 승전국으로 얻은 모든 땅을 제2차 발칸전쟁으로 잃게 되었습니다. 결국 세르비아에 대한 부정적 감정만 가지게 되면서, 러시아도 거리가 멀어졌습니다.

이것이 원인이 되어서 제1차 세계대전에서, 불가리아는 독일과 오스트리아 등의 삼국동맹에 가담하여 전쟁을 수행하게 됩니다. 발칸전쟁으로 발칸반도 내부의 분열과 대립, 그리고 갈등은 더욱 심화되었습니다. 또한 민족주의로 제국주의 팽창야욕에 물들어 있는 유럽 열강에게는, 이 발칸은 유럽의 화약고가 되었습니다.

영국, 프랑스, 독일, 이탈리아, 오스트리아 등 제국주의 열강들은 침략과 영토팽창에 목메어 있었습니다. 한 축에서는 게르만족과 슬라브족이 민족주의를 내세워 동맹을 맺고 서로 대립하였습니다. 사실 이 당시, 유럽은 민족주의라는 이념적인 대립으로 병들고 있었습니다.

이러한 문제들은 1914년 6월, 보스니아 수도 사라예보에서 한 발의 총성 때문에 전쟁으로 이어졌습니다. 오스트리아 황태자 페르디난트 부부가 '대 세르비아'를 주장하는 보스니아 청년 프란치프가 쏜 총에 사망하는 사건이 터졌습니다. 프란치프가 속한 조직은 '대세르비아'를 주장하면서, 슬라브 민족의 주요한 걸림돌로 오스트리아-헝가리 제국을 지목했습니다. 그래서 그 후계자는 당연히 적이 되었습니다. 이 총성 한 발이, 1914년부터 1918년까지 온 세계인을 죽음으로 몰고 간 제1차 세계대전의 시작이 되었습니다.

제1차 세계대전의 발발과 초기 전세

세르비아에서의 총격사건으로 오스트리아는 세르비아에게 마지막 통첩을 보냈습니다. 진상조사를 할 때 세르비아가 오스트리아 대표단의 참여조항을 거부하자, 1914년 7월 28일 오스트리아는 전쟁을 세르비아에 선포하게 된 것입니다. 독일은 오스트리아의 결정에 동의하면서, 이 전쟁선포는 전면전으로 이어지는 양상을 보였습니다.

러시아는 발칸 지역에서 마지막 동맹국인 세르비아의 보호를 위하여, 7월 총동원령을 내렸습니다. 8월에는 독일과 프랑스가 동원령을 내렸고, 독일은 러시아에 전쟁을 선포하였습니다. 영국 역시도 중립국이었던 벨기에에 독일의 침공이 임박해지자, 독일과의 전쟁을 선포하였습니다. 따라서 처음에는 중립을 선언한 이탈리아를 제외한 동맹국과 협상국이 모두 전쟁 속으로 빠지게 되었습니다. 하지만 삼국협상 진영에게서 재정지원과 영토보상을 약속받은 이탈리아는 연합국에 세력을 더하여, 오스트리아를 공격하게 됩니다.

독일은 이미 전쟁을 대비한 슐리펜 계획에 따라 전쟁을 시작하였습니다. 이는 러시아와 프랑스 양국에 맞서서 전쟁을 수행하기 위한 구체적인 전쟁계획이었습니다. 프랑스도 독일의 침공에 대응하기 위해서, 제17계획을 세웠습니다. 이 계획은 전쟁의 상황에 따라 유연하게 대응하는 전술로, 이 덕분에 프랑스는 독일의 공격에 효율적으로 대응하면서 승리를 거둘 수 있었다.

1914년 8월 2일, 독일은 룩셈부르크와 벨기에를 연이어 공격하여, 서부전선에서 전쟁을 수행했습니다. 벨기에가 중립을 지키겠다는 조약에 따라, 영국은 독일이 자신의 해협에 직접적으로 공격할 것을 우려하여 참전하게 됩니다. 벌기에는 독일의 공격을 나름 잘 버텼으며, 방패막이 벨기에 때문에 독일군은 진군에 발목이 잡혔습니다. 하지만 독일군도 이를 타격하기 위해서, 다섯 개의 군단으로 분리하여 진군합니다.

한편 동북전선에서는 슐리펜 계획에 먹구름이 드리우게 됩니다. 러시아의 참전 6일차, 주러시아 프랑스 대사는 황제에게 러시아군이 독일을 공격할 것을 요구합니다. 그 결과, 러시아군들은 이동하고 되고, 독일군의 전력에 타격을 주었습니다.

서부전선에서는 독일군의 진군이 마른 강에서 멈추게 되었습니다. 마른 강에서 영국과 프랑스 연합군에 패한 독일군은 북동쪽으로 퇴각하고 맙니다. 파리는 다시 살아나고, 독일의 진군계획은 치명적인 손상을 입었습니다.

1914년에서 15년으로 넘어가는 겨울, 전선은 해협연안 지역의 참호에서 교착되었습니다. 참호전은 야전에서 몸을 숨기며 적과 싸우기 위하여 방어선을 따라 구덩이를 파고 그 안에서 벌이는 전투를 말합니다. 독일은 이 참호전에 맞는 무기들을 준비해두었습니다. 반면 연합군은 무기, 특히 포탄준비가 미흡했습니다. 참호전을 겪으면서 연합군의 무기와 전술 기술도 점차 정교하게 발전했습니다.

1914년 전선으로 가는 화차의 독일 군인

    이 당시 전쟁은 병력을 동원하는 게 주였습니다. 전쟁기간이 길어지자, 더 많은 병력동원은 전쟁수행의 필수조건이었습니다. 영국은 징병이 아닌 모병으로 병력을 모집하였는데, 병력을 수급할 마땅한 제도를 보유하지 못했습니다. 하지만 자원입대자들이 늘어나면서 모병제만으로 전쟁을 수행할 수 있었습니다.

갈리폴리 전투와 솜 전투

1915년, 프랑스군은 서부전선에서 독일군에게 적극적인 공격을 폈습니다. 영국 원정군은 독일군이 군수물자와 병력수급을 제대로 하지 못하도록 진군경로에서 방해공작을 펼쳤습니다. 영국 원정군은 독일군 기지까지 침투하기도 했지만, 독일의 반격으로 당하고 말았습니다. 이러한 패배의 경험은 연합국에게 좋은 약이 되었습니다.

연합국의 많은 정치인들이 인력, 자원, 전략 등을 이 전쟁에 쏟았지만, 쉽사리 전쟁은 끝날 기미가 보이지 않았습니다. 그래서 이들은 전선을 동부에 집중하기로 했습니다. 그 결과, 논의된 지역이 갈리폴리였습니다. 특히 영국의 처칠 수상은 이 갈리폴리는 지금의 튀르키예에 있는 지역으로, 동부 지중해에서 독일 동맹국이 침범해오면 충분히 승리할 것으로 생각했습니다.

하지만 예상과 달리, 갈리폴리에서의 전투는 만만하지 않았다. 먼저 포탄 보급이 충분하지 않았으며, 무엇보다 튀르크에 숨겨놓은 어뢰와 기뢰 등 무기로 연합국 해군이 제대로 전투를 수행하지 못했기 때문이었습니다. 결국 육군이 동원되어야 했습니다.

솜 전투 중 영국군의 참호

　연합국은 전략적으로 약세였습니다. 갈리폴리의 공격은 오히려 갈리폴리 지역에서 튀르크의 방어선만 더 견고하게 만들었습니다. 조직화된 튀르크군은 연합국의 복병이었습니다. 이 공격에서 연합국의 많은 병력이 전사했으며, 많은 군수물자가 파괴되거나 소실되었습니다. 따라서 연합국은 주요한 전선에서만 인력과 화력을 집중하여 동시에 공격하기로 하였습니다. 프랑스군과 영국군이 솜 강의 양쪽에서 독일군에게 타격을 가하기로 협의했습니다.

　1916년, 독일의 총참모장은 무제한 잠수함 작전을 통하여 영국을 굴복시킬 수 있을 것이라고 생각했습니다. 동시에 프랑스군이 방어에 나설 지역을 미리 예측하고 공격할 계획을 수립했습니다. 이들이 선택한 프랑스 땅은 베르됭이었습니다. 이 지역은 독일의 세 지역에서도 집중적으로 포격할 수 있는 곳이었습니다.

　독일의 무자비한 포격이 시작되었습니다. 프랑스를 방어하던 요새들 가운데 가장 강력한 두오몽 요새가 함락되기에 이르렀습니다. 3개월의 전투기간에 프랑스는 많은 병력을 잃었습니다. 이런 프랑스에게 영국의 지원이 절실했습니다. 하지만 이 솜 전투는 영국군에도 큰 타격을 주었습니다. 이 결과, 영국군은 순차적으로 하나씩 정복해나간다는 전술을 세웁니다. 하지만 이 전술도 파죽지세로 밀어붙이는 독일군을 쉽게 막을 수 없었습니다.

동부전선에서는 러시아와 오스트리아군의 장기간 전투가 진행되었습니다. 사실, 그 어느 나라도 러시아가 이 정도의 전투력을 가지고 있으리라고 생각하지도 못했습니다. 그러나 러시아의 공격은 오스트리아군이 이탈리아를 공격하면서 더욱 심해졌습니다. 러시아군도 오스트리아군의 포격으로 막대한 피해를 입었습니다.

14

미국의 참전과
휴전 조약

1917년대가 되면서, 독일의 군사지도자들은 소모적인 공세가 아닌 보다 견고한 방어선을 구축하는 길을 선택하였습니다. 독일군이 사수해야 하는 땅을 줄이고, 인력낭비를 막고 전선을 보다 더 단단하게 만들었습니다.

한편 프랑스 총사령관 니벨 장군이 새로운 전략으로 독일을 공략하려 했지만 좋은 결과를 내지 못한 채, 전과는 영국의 몫이 되었습니다. 설상가상 프랑스군들의 사기를 떨어뜨리는 일들이 자주 생겼습니다. 군 내부에서 폭동이 일어났을 뿐만 아니라, 병사들이 집단적으로 명령에 불복종하거나, 탈영하는 병사들이 많이 생겼습니다. 결국 연합국 내에서 독일에 대항할 역할은 영국군에게 넘어갔습니다.

영국군에서 전략기획은 헤이그 장군에게, 전장지휘는 고프 장군에게 주어졌습니다. 1917년이 지나기 전, 영국군은 다시 독일을 공격하지만 수많은 사상자들이 생겼습니다. 영국의 전투력 소실로 독일이 여러 영토를 차지하게 됩니다. 이처럼 영국과 프랑스에 불리했던 전세가 바뀌는 데에는 그다지 오랜 시간이 걸리지 않았습니다. 러시아가 내부 혁명으로 전쟁에서 발을 빼게 되었지만, 이때 바다 건너 조용한 한 나라가 드디어 움직이기 시작했습니다. 바로 미국입니다.

미국은 원래 전쟁에 전면적으로 참여하지 않고, 후방에서 전쟁 물자의 보급을 지원했습니다. 그러나 미국이 전면전으로 전향하는 두 가지 사건이 일어났습니다. 먼저 독일의 무제한 잠수함 작전 때문이었습니다. 독일은 지상전보다 해저전으로 영국을 견제하고자 했습니다. 이 작전은 1915년부터 1918년까지 지속되었습니다. 그런데 하필 독일이 건드린 배가 미국의 배였습니다. 그것도 미국의 민간인이 타고 있는 배를 잠수함으로 격침하게 된 것입니다. 이 결과, 미국 국민들 사이에서 반독일감정이 생기기기 시작했습니다.

다음으로 미국이 참전하게 되는 결정적인 사건이 터집니다. 바로 치머만 전보사건입니다. 치머만 전보사건은, 독일 외무장관 치머만이 멕시코 정부의 군사동맹을 약속받는 대신, 멕시코가 미국에게 빼앗긴 텍사스, 뉴멕시코, 애리조나 등을 넘겨주겠다는 전보가 영국으로 넘어가게 된 일을 말합니다. 결국 영국은 이 전보를 해독하여 미국 윌슨 대통령에게 보고합니다. 이 일로 미국의 여론은 독일에게 완전히 등을 돌리고, 국민들은 참전의 정당성을 인정하게 되었습니다.

하지만 당시 미국의 전력은 지금과 매우 달랐습니다. 굉장히 적은 병력, 그것도 실전경험이 전무한 병사들이 많았습니다. 그래서 처음에는 미국은 참전을 유보했지만, 일련의 사건으로 미국 내부에서 반독일감정이 들끓게 되자, 더 이상 참전을 미룰 수가 없었습니다.

미국의 참전이 확정된 이후 1918년이 맞이하였습니다. 연합군이 마주하는 가장 큰 문제는 병력부족이었습니다. 독일 동맹국들의 상황도 암울했습니다. 독일군부가 더 이상 전쟁을 주도할 수 있

베르사유 조약
장면

는 처지가 아니었으며, 결국 통제권이 모두 제국의회로 넘어갔습니다. 장기간의 전쟁으로 해군들이 킬과 베를린에서 소요를 일으키자, 계엄령까지 내려지기도 했습니다.

이때 독일이 주의 깊게 지켜본 지역은 우아즈 강과 스카르프 강 사이의 지점이었습니다. 그 지점이야말로 결정적인 승리를 거둘 수 있는 곳으로 연합군이 가장 취약한 지역이었습니다. 루덴도르프 대공세로 영국군에게 위기가 찾아왔지만, 아미앵 지역에서 독일군은 큰 손실을 입고 격퇴되었습니다. 독일의 공세는 7월 마른 강에서 멈추고 맙니다. 비로소 서부전선에서의 주도권은 모두 연합군에게로 넘어갔습니다.

8월, 아미앵과 알베르 지역에서 완전히 무력화된 독일군은 후퇴와 퇴각을 이어갔습니다. 독일 황제마저 네덜란드로 망명했으며, 11월에는 튀르크 역시 항복 의사를 밝혔습니다. 멈추지 않을 것만 같던 전쟁의 소용돌이는 11월 11일로 종지부를 찍게 되었습니다.

전쟁이 끝난 뒤, 수많은 피해가 연합국과 독일동맹군에도 찾아왔습니다. 전쟁이 이겼다고 해서 피해가 없었던 것은 아니었습니다. 모든 참전국들에게 전쟁피해는 어마어마한 것이었습니다. 참전국들은 베르사유 조약으로 전쟁의 결론이 나길 바랍니다. 하지만 이 조약은 모두에게 흡족하지 않았습니다. 이 조약의 결과, 독일은 식민지를 모두 잃고 영토와 자원도 일부 잃게 되었습니다. 게다가 전범으로 몰려 막대한 배상금을 지불해야 했습니다. 이러한 독일 내부에서의 불만은 서서히 끓어올랐습니다. 역설적이게도, 이 불만이 독일을 또다시 전쟁국가로 만들어버리는 배경이 되었습니다.

15

제1차 세계대전의
특징

　제1차 세계대전은 이제껏 전쟁들과는 전혀 다른 양상을 보여준 전쟁이었습니다. 그만큼 전쟁 자체가 치열하고 현대적 무기가 많이 투여된 전쟁이었기 때문입니다.

　먼저 참호전입니다. 참호는 야전에서 적군의 공격을 대비하기 위하여 땅을 파서 만든 방어설비를 말합니다. 이는 총알과 포탄의 피해를 최소화하고 전투를 자유롭게 수행할 수 있는 방법이었습니다. 참호 안에서 사격하였으며 다른 참호로 이동하기도 했습니다. 방어도 방어지만, 공격도 이 참호 안에서 이뤄졌습니다.

　한편 참호 특성상 공중에서 발견이 용이하며 지상에서도 노출될 수 있었습니다. 그래서 참호를 위장하기도 했으며, 붕괴되면 보강도 해야 했습니다. 이 참호전이 제1차 세계대전에서 두드러진 이유는, 적의 공격을 받으면 참호와 참호가 연결되어 있기에 사상자가 많이 발생했기 때문입니다. 또한 이 참호전으로 전쟁이 장기화되었기 때문입니다.

　다음으로 총력전입니다. 총력전은 전쟁목적을 달성하기 위하여 국가의 모든 물적 · 인적국력을 전쟁에 투여하는 것을 말합니다. 따

가스마스크를 착용한 미국 국인들

라서 이 총력전은 그야말로 국가의 운명을 걸고 전투에 임한다는
것을 의미합니다. 그만큼 제1차 세계대전의 무게감이 얼마나 컸는
지를 보여주고 있습니다.

　이 총력전의 양상을 잘 보여준 나라는 프랑스입니다. 전쟁을 위
하여 남녀를 불문하고 전쟁지원에 나섰습니다. 남성의 경우, 전투
가 가능한 나이는 전쟁터에서 군사로 소집되었고, 전투가 불가능
한 나이는 공장 등에서 일했습니다. 여성의 경우, 남성들이 전쟁터
로 나가 공백이 생긴 공장에서의 노동을 대신했습니다. 농업일을
하던 여성들은 공적 서비스와 군수공장 등 전쟁지원업무를 했습
니다.

　국가의 재정과 인력이 모두 전쟁을 위해 사용되자, 국민은 생활
을 통제받기 시작했고 식량조차 배급받아야 했습니다. 군사물자
마련을 위해서 국민들의 사적인 시간은 통제받았으며, 군비마련을
위해서 국민들의 소득도 줄었습니다.

　한편 독일은 전쟁 초기부터 전쟁에 군인뿐만 아니라 민간인도

투여되었습니다. 산업이 발달한 지역에서는 전쟁무기생산이 발 빠르게 진행되었습니다. 전쟁을 위한 전쟁부 원료국이 만들어졌으며, 국민들을 위한 원료는 국가에 의해 엄격하게 통제되었습니다.

총력전으로 여성들의 인권이 상승했습니다. 주로 농업에 종사하거나 가사에 집중하던 여성들의 노동력이 필요해지자, 여성들의 권리도 중요해지기 시작했습니다. 영국의 경우, 전체 노동자의 90퍼센트 이상이 여성 노동자였으며, 육군 여성 보조단, 해군과 공군 여성대 등 여성은 군인으로도 참전했습니다. 전쟁 이후, 여성들의 상승한 지위는 참정권 요구로 이어졌습니다.

또한 전쟁은 무기들의 발전을 가져왔습니다. 숱한 전쟁을 치르면서 지상에서 일어나는 전투에서 대포가 혁혁한 공을 세우게 되면서, 지상전에서 현대식 무기의 중요성이 대두되었습니다. 보병의 공격을 위해서 포병의 지원이 동반되어야 했습니다. 또한 전투에서 대대적인 인명살상을 위한 독가스 등 화학무기들이 개발되었습니다.

탱크와 잠수함 그리고 항공기는 전쟁의 승패를 좌우하는 현대식 무기였습니다. 탱크는 대포와 함께 지상전에서 보병을 지원했으며, 수중청음기와 수중음파탐지기를 탑재한 잠수함은 해상전을 지원했으며, 비행기는 정찰과 포격 등으로 공습과 공중전을 수행했습니다. 결국 제1차 세계대전은 현대식 무기가 실험된 전쟁이었던 만큼, 이전 전쟁과 다른 사상자가 발생했습니다.

16

피의 일요일 사건

    러시아는 슬라브족의 일원이었는데, 비잔티움 제국의 문화와 정교회를 받아들였습니다. 그러나 몽골의 침입과 지배를 받으면서 기존 유럽과는 다른 길을 걸었습니다. 15세기 중반 비잔틴 제국이 오스만 제국에 의해 함락된 후, 동방정교를 받아들인 슬라브족은 제3의 로마라고 불리는 모스크바에 새로운 자리를 잡았습니다.

    19세기는 러시아에게서 여러 모순들이 존재하는 시기였습니다. 상부구조인 엘리트 귀족과 인구의 대다수를 차지하는 농민 사이에서 깊은 갈등이 생겼습니다. 서유럽 문화를 받아들은 귀족계급은 전제정치를 받드는 조건으로 많은 특권을 받았습니다. 반면 농민들은 끊임없이 예속적인 존재가 되어 귀족에게서 막대한 노동력을 착취당하였습니다. 그럼에도 농민들은 땅에 대한 마음을 버리지는 않았습니다.

    그러다 러시아 제국에 농노제 확산이 일어났으며, 여러 민족들이 러시아 제국의 휘하에 들어갔습니다. 가혹한 노동과 천대받는 계급의 설움을 겪은 농민들과, 러시아의 지배에 저항하는 여러 세력들이 모여서 봉기를 일으키면서, 지배계층과 피지배계층의 갈등

러시아 민중을 유혈
진압하는 경찰과
군인

이 심화되었습니다. 이처럼 러시아 정부는 계급갈등이라는 크나큰 시련을 마주하였습니다.

외부로는 충분히 제국열강의 세력을 가지고 있었던 러시아였지만, 경제적으로는 여전히 어려운 지역들이 많았습니다. 또한 군대는 양적으로는 팽창했지만, 근대화가 되지 않아서 통치체제까지 불안정했습니다. 러시아의 일부 귀족들은 서유럽의 근대화를 받아들이고자 하였습니다. 그러나 종교인들은 종교에 위반된다며 근대화를 부정적으로 바라보았습니다. 근대화에 대한 귀족들의 열망은 결국 데카브리스트 봉기로 표현되었습니다. 그러나 이 봉기는 대중과 동떨어진 것이었으며, 러시아의 근대화는 점점 더 미궁 속으로 흘러갔습니다.

1855년, 크림 전쟁에서 패배를 한 러시아는 위기였습니다. 황제 알렉산드르 2세는 개혁이 불가피한 상황에 놓였습니다. 그 개혁의 핵심에는 농노들이 있었습니다. 그는 인구의 절대다수인 예속농민들의 자유권을 인정해주었습니다. 그러나 좋은 땅은 모두 귀족들의 것이고, 농민들의 불만은 여전했습니다.

따라서 민중 속으로 들어가야 한다는 뜻의 러시아어인 '브 나로드 운동'이 지식인들을 중심으로 일어났습니다. 당시 서유럽에서 부르주아가 프롤레타리아를 수탈하는 데에 경악한 이들은, 러시아에서 자본주의가 아닌 이상적인 사회를 만들어야 한다고 주장하였습니다.

그러나 이 소리는 하루살기에도 벅찬 농민들의 귀에는 들어오지 않았습니다. 농민들은 전제군주를 어버이로 여겼기 때문에, 사회주의니 자본주의니 하는 이념과는 동떨어져 있습니다. 결국 이 운동이 실패하자, 테러로 알렉산드르 2세은 목숨을 잃고 말았습니다.

한편 다른 한 쪽에서는 거대한 산업화가 흘러가고 있었습니다. 시베리아의 횡단철도 건설이 추진되는가 하면, 경제성장률은 높아졌습니다. 점차 러시아에도 사회구조가 자본가와 노동자로 양분되어 흔들리기 시작하였습니다. 정치적으로는 굳건해보였지만, 사회경제구조는 급격히 변화하고 있었습니다. 자본가계급은 사회혁명이 두려워 입헌군주제를 요구하였습니다. 노동계급은 전체 인구의 10퍼센트였음에도, 기존의 세력을 위협할 정도로 성장했습니다.

노동자계급은 마르크스주의를 수용하였습니다. 도시에서도 산발적으로 마르크스주의자들의 활동이 이어졌으며, 이것은 러시아 사회민주주의노동당으로의 활동으로 이어졌습니다. 그러나 이 정당도 내부적으로 견해가 생기면서 양분되었습니다. 하나는 노동계급이 자본가와 손을 잡아야 한다는 멘셰비키이며, 다른 하나는 독자적인 세력을 형성해야 한다는 볼셰비키입니다. .

1894년, 왕위에 오른 니콜라이 2세는 전제정치에 대항하는 모든 세력을 억누르는 억제정책을 펼쳤습니다. 이처럼 정치사회적으로 경직된 러시아는 일본과의 전쟁에서 패배함으로써, 더 큰 위기에 봉착하게 되었습니다. 바로 노동자들의 시위였습니다. 평화로운 시위를 벌이던 노동자들을 황궁수비대가 무차별적으로 진합하게 된 사건이 생겼습니다. 이것이 피의 일요일 사건입니다.

이 피의 일요일 사건으로 차르를 어버이로 여기는 국민들의 신화는 깨졌습니다. 또한 사회의 여러 불만은 총파업으로 이어졌습니다. 당시 망명해 있던 레닌과 혁명가들이 러시아로 귀국하기 시작하였습니다. 비록 니콜라이 2세는 체제를 수호하는 데에 성공했지만, 그다지 오래가지 못합니다. 당시 노동자들이 총파업으로 얻은 것은 작은 의회인 두마를 얻어낸 것이었습니다. 1912년, 저항운동은 제대로 활력이 붙게 되었습니다. 금광노동자들의 총파업에 이어 볼셰비키가 지지를 얻게 되었습니다. 스탈린을 비롯한 혁명가들 역시 전제정치에 맞서 싸우면서, 노동운동은 더욱 격렬해졌습니다.

한편 제1차 세계대전으로 애국주의의 열풍이 불면서 체제에 반대하는 세력들의 목소리는 줄어들었습니다. 하지만 혁명가 레닌은 이 전쟁을 자본주의 열강들의 식민지 쟁탈전으로 규정하고, 노동자 정부를 세우는 것이 올바르다고 주장하였습니다. 레닌을 통해서 러시아의 사회는 전혀 다른 새로운 국면으로 접어들었습니다.

러시아 혁명

전쟁이 한창이던 1917년, 러시아 수도 모스크바에서 빵의 배급이 중단되는 사태가 일어났습니다. 전시체제 하에서 쌓인 여성들의 불만이 터지자, 남성 노동자와 시민들이 힘을 합쳤습니다. 이렇게 시위 규모가 커지자 군인들이 진압에 나섰습니다. 심지어 병사들이 발포명령을 다그치는 장교들에게 항명하면서 시위대의 편에 섰습니다. 이렇게 군대가 하나둘 등을 돌리기 시작하자, 러시아의 전제정치는 하나둘 무너지기 시작하였습니다.

이 혁명에서 군주가 퇴위되면서 공백상태였던 정치는 이중체제로 이어졌습니다. 그중 강력한 체제가 소비에트였는데, 당시 소비에트의 허락 없이 헌법제정의회에서 모든 법령이 제 효력을 발휘하기 힘들었습니다. 소비에트의 온건파는 러시아가 부르주아 민주주의 혁명단계에 있다고 해석한 뒤, 프롤레타리아가 권력을 잡아서는 안 된다는 입장을 고수하였습니다. 명목의 권력과 실제적인 권력 두 권력 사이에서의 견제가 일어난 상황이었답니다. 이 이중권력은 모든 영역에서 나타났습니다.

이 당시 대중이 바라는 혁명의 방향은 권력자의 폭압이 없어지

1917년 10월 러시아 모스크바의 거리에서 '공산주의'란 현수막을 내걸고 행진하는 병사들

는 것이 아니라, 상하구조가 존재하지 않는, 권력관계 자체가 없어지는 것이었습니다. 러시아 혁명은 제1차 세계대전과 함께 공존하였습니다. 모든 권력자들과 대중의 소망은 오직 전쟁이 하루빨리 끝나는 것이었습니다. 그러나 동맹국들의 따가운 눈초리를 의식한 임시정부는 강화협상을 꺼렸습니다. 그러자 외무장관이 승리를 할 때까지 전쟁을 지속하겠다는 내용의 편지가 밝혀지자, 시위가 벌여졌습니다. 임시정부의 위기는 외무장관의 사임으로 일단락되었으며, 임시정부세력은 온건파와 함께 손을 잡았습니다.

한편 볼셰비키 정당의 최고 지도자는 레닌이었습니다. 레닌의 입장을 간파한 독일정부는, 스위스에 있던 그를 러시아로 보내면 러시아군의 힘을 무력화시킬 수 있다고 생각하였습니다. 1917년 4월, 러시아에 도착한 레닌은 4월 테제를 발표하였습니다. 그 발표는 모든 권력은 소비에트에 집중되어야 한다는 것을 강조했습니다. 러시아 혁명을 시작으로 독일 혁명으로 이어지고 그리고, 세

3장

계 혁명으로 연결되는 것을 규정하였습니다.

레닌은 독일에 들어설 노동자 정부의 조력으로 러시아의 사회주의 혁명이 성공적으로 이뤄질 것으로 생각했습니다. 여러 논의 끝에 사회주의 정당의 지도부는 이 레닌의 주장을 받아들였습니다. 레닌에 이어 사회주의자 트로츠키도 레닌과 함께 혁명을 이끄는 지도자가 되었습니다.

이 당시 가장 중요한 집단은 대중이었습니다. 이 대중은 혁명 당시의 러시아에 대하여 끊임없는 토론을 벌였습니다. 사람들은 길거리에 삼삼오오 모여 정치 이야기들을 나누었으며, 전선에 나가 있는 후방의 병사들도 정치에 대한 관심을 가지고 참여할 정도였습니다.

이처럼 정치적 관심을 갖는 대중은 소수에서 다수로 늘어났으며, 이들은 그만큼 러시아 혁명으로 이어지는 동인이었습니다. 볼셰비키당은 농민, 병사, 노동자 등의 다양한 열망에 예민하게 대응하기 시작하였습니다. 이제 대중이 정치의 일원이 되었습니다.

대중은 소비에트가 권력의 중심이 되어야 한다고 생각하였습니다. 따라서 대중의 지지는 온건주의적인 임시정부가 아닌 급진적인 소비에트 정부에게로 향하였습니다. 대공세를 펼치려고 했던 임시정부에 대중은 저항했습니다. 대공세에 대한 군사적 진압이 실패하자, 임시정부의 위력은 땅으로 떨어졌습니다. 결국 러시아의 이중권력체제는 뿌리부터 흔들리게 되었습니다. 이제 볼셰비키당는 새로운 집권을 준비하고 있었습니다.

18 레닌의 집권

　온건파와 임시정부가 위기인 상황에서, 레닌은 이때를 놓치지 않았습니다. 혁명을 반대하는 세력이 반격하기 전에, 임시정부를 무너뜨리고 볼셰비키가 권력을 잡아야 한다고 생각했습니다. 일부는 이 주장을 반대하기도 했지만, 결국 중앙위원회의에서 무장봉기를 일으켜 권력을 잡게 되었습니다. 봉기의 주력군은 임시정부의 각료들이 겨울궁전을 점령하였습니다. 2일 뒤 1917년 11월 7일, 노동자와 농민의 소비에트 권력이 인정되고, 볼셰비키 정부가 수립되었습니다.

　이 사회주의 권력 앞에는 해결하여야 할 숙제가 무성한 가시밭길만이 존재하였습니다. 이들의 영향력은 러시아의 전역에 미치지 못했으며, 이런 급진적인 볼셰비키 정부를 적극적으로 환영하는 주변 국가는 없었습니다. 볼셰비키 정부는 노동자들의 지지를 많이 받았음에도, 러시아 내부 선거에서 총득표율은 25퍼센트에 불과하였습니다.

　볼셰비키 정부는 프롤레타리아독재의 길로 나아갔으며 수도를 모스크바로 옮겼습니다. 전쟁을 끝내기도 위해서 영토도 일부 **독일**

블라디미르
레닌

에게 내어주었습니다. 그러나 힘겹게 얻은 평화는 그리 오래가지는
않았습니다. 국가 내부에서 내전의 소용돌이가 기다리고 있었습
니다. 새로 만들어진 볼셰비키 정부인만큼, 그에 반대하는 세력이
당연히 존재했기 때문입니다. 러시아 사회주의정부는 독일에서 노
동자정부가 들어서면 이들의 도움을 받을 것으로 낙관했지만, 그
조차 여의지 않았습니다. 따라서 이 과정에서의 혼란에 휩싸이고
경제 역시 붕괴되기 시작했습니다.

　경제의 붕괴에는 다양한 현상들이 뒤따랐습니다. 공장이 멈춰
버리자, 농민들은 곡물을 내놓지 않았으며, 식량난에 마주한 노동
자들은 도시에서 벗어나 외부로 이동했습니다. 볼셰비키 정부의
핵심세력인 노동계급이 없어지자, 볼셰비키 정부는 어떻게든 노동
자들을 확보하기 위하여 곡물을 빼앗았습니다. 이 때문에 농민들
이 반혁명적 세력이 되어갔습니다.

　볼셰비키 정부의 영향력이 미치는 영토도 가시적으로 줄어들었

습니다. 수많은 나라들이 반혁명세력의 편에 섰습니다. 볼셰비키 정부는 붉은군대를 만들어 대응하였지만 역부족이었습니다. 이런 위기의 상황 속에서, 볼셰비키 정부는 다방면으로 민중을 자신의 편으로 만들기 위하여 노력하였습니다. 하지만 그들의 입장에서의 노력이지, 사실 민중을 쥐어짜내고 억압하고 때론 회유하는 방식을 반복할 뿐이었습니다. 대중과 언론을 통제하기 위해 비밀경찰까지 두었습니다.

이 정권이 러시아의 주류 정권으로 자리를 잡아갈 수 있었던 이유는, 여전히 대다수 농민들이 비교적으로 반혁명세력에 반하는 감정을 가졌기 때문이었습니다. 붉은군대 역시 트로츠키 장군의 훈련을 받으면서, 강한 군대로 발전하였습니다. 프랑스의 지원을 받아서 러시아를 공격한 폴란드 군대를 무찌르면서, 볼셰비키 정부는 대중적 지지를 얻게 되었다.

그럼에도 볼셰비키 정부의 권인적인 통치에 일부 대중은 등을 돌리기도 했습니다. 노동자가 기본이 되는 정당이어야 할 볼셰비키 정당은 서서히 그 본질을 잃어가면서 노동자운동을 억누르고 진압하기 시작했습니다. 해군과 농민들의 저항은 잇따라 존재하였습니다. 해군기지에서 반혁명적인 움직임이 일어났고 무장봉기까지 이어졌습니다. 볼셰비키 정부는 무자비하게 진압하였습니다. 농민들도 봉기로 합세했습니다.

그러나 볼셰비키 정부는 이들의 목소리를 귀담아 듣지 않았습니다. 레닌이 내세운 민족자결주의와 테제는 이 당시 제대로 적용되지 않았습니다. 1922년, 러시아는 결국 각각의 계급투쟁을 거쳐 소비에트 사회주의연방공화국소련이 되었으며, 다양한 민족과 여러 국가들로 구성된 이 체제는 70년 정도 지속되었습니다.

혁명 이후의 러시아

러시아는 세계 사회주의 혁명을 일으키겠다는 다짐과 포부, 목적과는 달리, 세계에서 홀로 존재하는 사회주의 국가가 되었습니다. 이 당시 소비에트 경제는 굉장히 힘겨운 상황에 놓여 있었습니다. 전쟁과 내분이 그 원인이 되었습니다. 이런 경제난은 농민들의 불만을 야기했습니다. 도시에서는 노동자들의 파업이 잇따랐고 농촌에서는 농민들의 농민봉기가 지속되었습니다.

이에 러시아에서 기존의 경제정책에서 이른바 신경제정책으로의 변화가 불가피했습니다. 곡물징발은 폐지되고 농민들은 곡물을 일정 부분만 세금으로 내고 나머지를 시장에서 팔았습니다. 어느 정도 판매의 제한을 두긴 했지만, 이 덕분에 막대한 수입을 얻는 자영업자들도 생겨났습니다. 신경제정책 덕분에, 러시아 경제는 세계대전 이전과 비슷한 활력을 되찾게 되었습니다.

대중의 열망은 여기에 머물지 않으며, 교육에 대한 욕구도 따라 오르면서 문맹률이 낮아졌습니다. 자유로운 예술풍조가 생기면서, 신세대 예술가들은 새로운 예술작품을 창작하려고 했습니다. 권위적인 면모에서 탈피하여 사회주의 혁명사상이 반영된 작품들이 등

레프
트로츠키

장하기 시작했습니다.

이런 자유로운 분위기는 유럽 밖에서도 관심과 기대를 모았습니다. 식민지 국가의 많은 젊은이들은 제국주의에서 벗어나서 혁명을 통해서 해방과 자유의 사회주의로 향하는 러시아에서 가르침을 얻고자 했습니다. 특히 러시아로 아시아권의 여러 국가에서 찾아왔습니다. 레닌의 소비에트 정부는 공산당을 먼저 이끈 롤모델이 되었습니다. 대표적으로 베트남의 사회주의를 이끈 호찌민이었습니다.

1920년대, 공산당이 정치적 주도권을 갖고 있었지만, 신경제정책으로 경제적 자본주의를 어느 정도 받아들이고 있었습니다. 이와 함께, 다양한 문화적 자율성이 함께 공존했습니다. 볼셰비키 정부는 이것을 마냥 반기지는 않았습니다. 이들은 신문 등 매체를 통해서 자본주의 체제를 비판했습니다. 하지만 국민들은 이에 불만을 가지게 되었습니다.

이런 불만들이 쌓이고 쌓이면서 위기의식이 생기기 시작했습니다. 혹시 내전이 일어나지 않을까, 또한 자신들의 권력에 대한 저항이 일어나지 않을까 하는. 그래서 공산당은 공산당을 제외하고는 모든 정당을 불법화했습니다. 공산당 내의 분파를 인정하지 않았으며, 당의 조직화와 규정화를 강화했습니다. 레닌이 사망하자, 여러 지도자들 사이의 권력투쟁이 일어났습니다.

이 군력투쟁은 두 가지 노선으로 갈렸습니다. 바로 트로츠키와 스탈린이었습니다. 트로츠키는 러시아 혁명의 궁극적 생존은 국제 혁명에 달려 있다고 주장했으며, 스탈린은 국제 혁명 이전에 러시아 혁명이 완전히 성공해야 한다고 주장했습니다. 스탈린의 주장은 사회주의 이론이었습니다. 결국 스탈린이 권력투쟁에서 승리를 쟁취합니다.

20 스탈린의 집권

최후에 승리를 거둔 인물은 스탈린이었지만, 1917년 혁명 당시 스탈린은 돋보이는 인물은 아니었습니다. 하지만 레닌의 애제자였다는 이미지는 신세대들의 지지를 받았습니다. 특히 혁명의 본질이 변질되었다고 생각한 열혈당원들은 스탈린의 사회주의론을 더 지지했으며, 자연스럽게 트로츠키는 권력의 변두리로 밀려났습니다.

스탈린은 권력을 두고 자신과 쟁탈전을 벌였던 이들을 하나둘 권력의 변두리로 몰아내면서, 권력의 중심에 서게 되었습니다. 레닌의 혁명론이 스탈린이 권력을 잡는 데 큰 역할을 했습니다. 스탈린은 점진적으로 공업화를 추진했으며, 그 덕분에 1920년대 후반부터 러시아 산업은 비약적으로 발전하기 시작했습니다. 1929년, 공업발전 5개년 계획을 실행했으며, 농업에서 집단농장체제를 구축하여 국영논장을 운영하기도 했습니다.

이런 야욕은 스탈린의 생각이 아니었습니다. 신경제정책에 대한 한계를 느낀 젊은 공산당원들 역시 자본주의 경제에 대한 환멸을 가지고 있었습니다. 대외적으로 영국과의 외교단절선언과 자본

이오시프
스탈린

주의 국가들의 적대적 태도가 지속되자, 당 지도부는 또다시 전쟁의 위기감을 느끼게 되었습니다. 그래서 공업화와 산업화에 더 빠른 속도를 냈습니다.

1930년대가 들어서면서 중공업의 대변혁이 생깁니다. 기계를 만드는 중공업 단지가 러시아 곳곳에 들어섰습니다. 농촌에서는 전통적인 농기계인 쟁기 대신에, 대형 콤바인 등이 밭을 일구는 모습이 늘어났습니다. 한편 일자리를 찾아서 도시로 모여든 사람들도 늘면서, 러시아는 대공황의 경제적 난국에서 공업국가로서의 입지를 다졌습니다. 하지만 그 이면에는 대외적으로는 철저히 고립 속에서 성장해야 했습니다. 또한 대내적으로 이러저러한 반대에 부딪쳐야 했습니다.

공산당은 국가주도의 일원체제에 반대하는 농민들을 무자비하게 진압했습니다. 대기근이 발생하여 굶어서 사망에 이르는 이들도 생겼습니다. 도시공업단지에서 노동자로 취업한 젊은이들은 도시의 문명화를 맛보긴 했지만, 그들의 소비는 기초적인 수준에 머물러야 했습니다.

스탈린 자신의 의견과 반대되는 의견을 주장하는 이들과 국가의 통제에 벗어나려고 하는 이들을 대숙청하였습니다. 소련이라면 극도로 적대시하는 이들이 1930년대 말부터 생기자, 그들을 '인민의 적'으로 몰아 숙청하거나, 노동수용소로 보내어 강제노역을 시켰습니다. 아무리 고위직에 있다고 한들, 비밀경찰들의 눈을 피해 갈 수 없었습니다.

이는 권력에 대한 스탈린 개인의 집착과 권력욕으로밖에 설명되지 않았습니다. 스탈린의 독재정치로 소련은 결국, 제2차 세계대전 이후 국제관계에서 이념의 갈등, 다시 말해 냉전시대로 이어지는 상황을 초래하였습니다.

파리 강화회의와 베르사유 조약

격동의 제1차 세계전쟁을 겪고 국제사회는 전쟁 이후의 문제를 처리해야 하는 문제에 빠졌습니다. 또한 승전국은 패전국에 철저한 응징을 하고자 하였습니다. 프랑스 외무부에 전쟁에서 승리한 27개의 국가가 모여서 전쟁종식과 평화를 위한 강화회의를 시작하였습니다. 이 회의에 패전국은 참여할 수 없었으며, 특히 독일은 어떠한 논평도 낼 수 없었습니다.

사실상 이 강화회의에서 큰 영향력을 발휘한 이들은 미국의 윌슨 대통령, 영국의 로이드 조지 총리, 프랑스의 클레망소 총리였습니다. 특히 미국의 월슨 대통령은 이 전쟁은 민주주주의 안전을 위한 전쟁이었으며 모든 전쟁들을 매듭 짓는 전쟁이었다고 주장하면서, 전후 상황을 처리하기 위하여 14가지의 조항을 제시하였습니다.

이 조항에는 비밀외교를 철저히 배척하고, 공공의 해양에서는 항해가 자유로우며, 경제적 장벽을 제거하고 무역을 평등하게 할 수 있으며, 군비를 축소하고 식민지 문제를 공정하게 조정할 수 있으며, 패전국들의 식민지가 해당 민족의 문제를 스스로 해결할 수 있으며, 이를 위해서 국제연맹의 창설한다는 내용들이 들어 있었습니다.

그러나 이 14개 조항이 모두 파리 강화회의에서 합의된 것은 아니었습니다. 영국과 프랑스는 이미 영토와 식민지 문제를 비밀리에 논의한 바 있었습니다. 결국 승전국들 사이에 복잡한 이해관계들이 얽혀 있었습니다. 따라서 표면상으로는 윌슨의 14개 조항이 존중되었지만, 세부적으로는 영국과 프랑스의 비밀조약에 밀리기는 분위기였습니다.

여러 회의를 거듭한 끝에, 독일과의 강화를 위해서 베르사유 조약이 체결되었습니다. 이 조약으로 독일은 모든 식민지를 포기해야 했습니다. 프랑스에게 알자스와 로렌을 반환한 것 외에도 적잖은 영토를 잃었습니다. 군비도 대폭 줄었으며 무기생산을 통한 수익을 얻는 것도 금지되었습니다.

설상가상 막대한 전쟁피해 배상금도 물어야 했습니다. 게다가 제1차 세계대전의 모든 책임은 독일에게 있음을 명시하기도 했습니다. 이것이 바로 베르사유 조약의 기초 정신이었습니다. 하지만 정작 독일은 이를 조약이 아닌 명령이라고 생각했습니다.

독일과의 강화조약 이후, 오스트리아, 불가리아, 투르크와의 강화조약도 순차적으로 체결되었습니다. 오스트리아 제국은 완전히 해체되어 오스트리아와 헝가리, 그리고 체코슬로바키아로 각각 찢어졌습니다. 불가리아는 보스니아, 헤르체코비나, 크로아티아를 합하여 유고슬라비아가 되었습니다. 투르크는 대다수의 영토를 잃고 아나톨리아 일대만 남았습니다.

하지만 러시아는 이 회의에 참석이 허용되지 않았습니다. 발트해의 공화국들이 서로 갈 길을 찾았고, 폴란드가 잃었던 영토를 회복한 것도 이때였습니다. 그러나 폴란드는 폴란드 회랑을 얻었을 뿐, 원했던 단치히는 자유시가 되었습니다. 이탈리아는 승전국이

1919년 파리 강화회의의 승전국 지도부(좌로부터 데이비드 로이드 조지 영국 총리, 비토리오 오를란도 이탈리아 총리, 조르주 클레망소 프랑스 총리와 윌슨 미국 대통령)

었음에도 정작 원하는 지역을 얻지 못하자 불만을 가지고 있었습니다. 프랑스가 원한 자르는 국제연맹으로, 라인란트는 독일의 영토로 하되 비무장지대로 남겨두었습니다.

이런 영토문제로 위임통치제라는 새로운 제도가 나왔습니다. 이것은 국제연맹이 해당 지역의 통치권을 특정한 나라에 위임하고 그 나라는 민주적인 정부를 탄생할 수 있도록, 또는 독립적인 국가가 될 수 있도록 준비하는 것을 말합니다. 따라서 아프리카와 아시아의 다양한 국가들이 이 위임통치를 받게 되었습니다.

이 당시의 국제질서를 베르사유 체제라 말하는데, 이는 많은 비판을 받았습니다. 특히 독일에 대한 가혹한 조약내용이 오히려 제2차 세계대전의 불씨가 되었다는 평가를 받았습니다. 또한 당시 강대국의 이권을 보호하기 위한 불균형적인 체제라는 평가도 얻었습니다.

국제연맹 창설

 베르사유 체제에서의 가장 중요한 점은 국제적인 협조와 평화를 세우는 일이었습니다. 따라서 이런 목표를 위하여 가장 중점을 둔 일이 바로 국제연맹의 창설이었습니다. 국제연맹은 세계평화와 인류문화의 향상을 달성하기 위한 기구로서, 군비를 축소하고 안전을 보장하며 국제분쟁을 평화롭게 해결하고, 문화를 발전시키고, 인도적인 사업수행을 그 주요 임무로 내걸었습니다. 이 국재연맹은 총회와 영국, 프랑스, 미국, 이탈리아, 일본 다섯 국가가 영구적인 이사회 자격을 가졌습니다.

 그러나 이 국제연맹은 시작부터 단추가 제대로 끼워지지 않았습니다. 독일과 소련이 이 연맹에 가입하는 것을 허용하지 않았습니다. 그러나 이보다 더 큰 문제는 승전국인 미국이 참여하지 않은 것이었습니다. 1918년, 미국의 의원선거에서 승리한 공화당이 상원과 하원을 구성하여 미국의회를 지배하게 됩니다. 결국 공화당 상원이 민주당 윌슨 대통령이 제시한 베르사유 조약을 거부하게 되었습니다.

 그 이유는 미국이 아직 국제무대의 일원으로서 준비가 부족했

1920년 12월 10일에 발행되었던 미국의 국제연맹 불참을 풍자한 만평

기 때문입니다. 결국 미국의 불참이 국제연맹에게는 매우 큰 타격
이었습니다. 한편 조약 자체도 결함을 안고 있었습니다. 국제연맹
에 가입한 국가들은 자유자재로 탈퇴할 수 있었습니다. 또한 패전
국에 대한 경제적 봉쇄방법은 있지만, 그 실효성이 미비했습니다.
국제노동기구가 노동문제를 해결하였지만, 궁극적으로 그 설립목
적에 맞게 평화를 지키는 일은 실패하였습니다.

민주주의의 발전

제1차 세계대전 당시 연합국의 목표는 민주주의를 위한 안전한 세계를 만드는 것이었습니다. 연합국은 이 전쟁에서 승전국이 되었고 이 목표는 달성한 것처럼 보였습니다. 여러 국가의 전제정치가 무너지고, 러시아를 제외하고는 민주주의적인 공화국이 만들어졌습니다. 또한 새롭게 독립한 나라들 역시 민주주의 정부를 세웠습니다.

이들 국가들에서 민주화와 함께 근대화가 일어났습니다. 재산 소유에 따른 선거권 제한이 없어졌으며, 여성에게도 선거권이 주어졌습니다. 다시 말해 대중민주주의가 한 단계 발전하였습니다. 정치에서 대중의 발언권이 강화되었습니다. 이는 대중이 사회로 더 널리 진출하는 것을 의미합니다. 따라서 20세기는 시민의 입김이 커진 시민사회의 시대였습니다.

이뿐만 아니라 빈곤에 대한 사회적 생각도 달라졌습니다. 자유방임주의의 관점에서, 빈곤은 개인의 무능과 게으름이 낳은 결과로 보았습니다. 그러나 1920년대가 지나면서 빈곤의 책임에서 사회가 자유롭지 않다는 생각도 등장했습니다. 또한 모든 사람들은

참호를 건너는 데 실패한 탱크

사회구성원으로서 마땅히 누려야 할 복지의 개념이 대두되었습니다. 노동자나 약자를 위한 복지정책은 20세기가 오면서 더욱 구체적으로 발전했습니다.

1918년, 영국에는 21세 이상의 모든 성년 남성에게 선거권이 주어지고, 1928년에는 여성도 선거를 치룰 수 있게 되었습니다. 또한 노동당이 정계에 진출하면서 노동당과 보수당의 형세가 굳어졌습니다. 영국은 전쟁으로 큰 피해를 본 국가였습니다. 인적인 손실도 있었지만, 경제적 손실도 컸습니다. 이런 상황에서 맥도날드를 중심으로 한 노동당 내각이 수립되었으나, 자유당의 지지가 절대적으로 필요한 상황 속에서 보수당의 공격으로 노동당 내각은 물러났습니다.

다음으로는 프랑스입니다. 프랑스는 직접적인 전쟁터가 되어 영국보다 더 피해가 막대하였습니다. 수많은 젊은이들이 전쟁에서 죽거나 다쳐 정상적인 생활이 어려운 처지가 되었으며, 수많은 집들과 공장들이 파괴되었습니다. 그래서 프랑스는 독일에 대한 좋지 않은 감정을 가졌습니다. 그렇기에 프랑스는 독일에 철저하고 확실한 보복과 응징을 하고자 하였습니다.

이 당시 프랑스는 제3공화정이었는데, 작은 정당들이 여럿 존재하는 어수선한 정국이었습니다. 전쟁 중에는 그들은 서로 협력하였으나, 전쟁 이후 우파정당이 국민블록을 만들고, 좌파정당이 좌파연합을 형성하면서 서로 대립하였습니다.

전쟁 후에 정권을 잡은 세력은 국민블록이었습니다. 이 국민블록의 대표자이자 독일에 강경한 노선을 펼친 푸앙카레 내각은 독일의 배상금 지불이 늦어지자, 독일의 공업지대 중 하나인 루르를 점령하였습니다. 그러나 지속적인 인플레이션이 회복되지 않고 교황청과의 대립이 지속되면서, 이 내각은 공격과 지지를 함께 받았습니다. 이후 프랑스 경제는 다소 안정을 되찾았으나, 세계대공황의 거센 바람을 피하기는 어려웠습니다.

24

중국의
민족운동

　제1차 세계대전으로 세계 곳곳에는 민족운동 바람으로 이어졌습니다. 특히 중국의 경우, 쑨원은 중화민국을 세우고 나서 정치적인 불안이 지속되었습니다. 위안스카이에 의해 공자를 중시하는 복고문화가 일어나기 시작하였습니다. 반면 중국 정부가 공자묘에서 제사를 올리는 현실은 당시 신지식인들에게는 상당한 불만으로 다가왔습니다.

　중화민국의 정치인이며 공산주의 언론인 천두슈를 중심으로 한 신지식인들은, 봉건문화를 반대하고 계몽운동인 신문화운동을 전개하였습니다. 신문화운동은 봉건질서와 유교적인 전통문화를 비판하였습니다. 또한 서양의 다양한 과학기술과 민주주의를 수용할 것을 주장하였습니다.

　이들은 잡지인 《신청년》을 통해서 청년들에게 자주적이고 진보적이며, 진취적이고 세계적이며 실리적이고 과학적인 사람이 되라고 주장했습니다. 공자의 학설은 보수적인 학설이라며 비판했습니다. 과학을 널리 알리기 위하여, 세계적인 학자들과 과학자들의 발명과 업적을 비롯하여, 의학과 여러 학문의 지식을 소개하였습

천안문 광장에서 시위 중인 학생들과 시민들

니다. 따라서 과거의 것이라 여겨지는 모든 것들을 반대했습니다.

또한 중화민국의 외교관이며 문학가 후스는 문학혁명으로 불리는 구어체인 백화문 사용을 주장했습니다. 다시 말해 과거의 문학을 반대하고 새로운 문학을 지지했습니다. 중국의 근대 사상가이며 정치가 진독수 역시《문학 혁명론》을 발표하여, 기존의 귀족문학이 아닌 국민문학을 지지했습니다. 다시 말해 고전문학의 진부함 대신에 사실주의 문학을, 이해하기 어려운 산림문학 대신에 명료하고 이해하기 쉬운 사회문학을 지지했습니다.

중국의 위대한 문학가 노신은 구어체인 백화문으로《광인일기》와《아Q정전》을 썼으며, 중국 사회에 만연한 구시대적인 사상을 비판하였습니다. 중화민국에서 마르크스주의에 대한 논쟁이 활발하게 일어났습니다. 후스와 공산주의 사상가 리다자오에 영향을 받은 각 지방의 청년들은 사상운동을 활발히 일으켰습니다. 심지어 세계적인 미국 사상가 존 듀이를 초청하여 지방을 다니면서 남녀평등을 주장하는 강연을 할 정도였습니다.

한편 제1차 세계대전 이후 일본이 산둥반도칭다오를 점령하고 중국에 21개조 요구를 강요하는 일이 일어났습니다. 이 21개조 요구를 간략히 말하자면, 일본이 중국에게 여러 가지 권익을 확대하는 것이었습니다. 하지만 파리 강화회의에서 중국의 여러 이권을 반환하는 것이 결의되면서, 일본의 21개조 요구는 수용되지 않았습니다.

그러나 이 21개조 요구는 중국 내부에서 민족운동으로 발전되었습니다. 중국의 각종 이권을 빼앗고자 했던 일본에 반대하는 반일감정이 터져 나왔습니다. 1919년 5월 4일, 중국에 대대적인 반일운동이 일어났습니다. 이를 5·4운동이라고 합니다. 베이징 대학교의 학생들이 중심되어 일본과 군벌에 반대하는 시위를 벌였습니다. 이에 상인들과 노동자들도 함께 동참하면서 민족운동으로 발전하였습니다.

이들은 중화민족의 위기를 호소하면서, 국산품을 장려하고 일본 상품불매를 주장하였습니다. 하지만 6월, 군벌정부는 대대적인 탄압을 벌였습니다. 이 탄압은 대규모 민중의 분노로 흘러갔습니다. 노동자들은 파업을 하고 자영업자들은 상점 문을 닫는 등 대대적인 운동이 되었습니다. 따라서 군벌정부 역시도 파리 강화회의의 조인을 거부하고 세계열강에서 중국영토를 보전하겠다고 약속하게 됩니다. 이 운동은 중국 공산주의 운동의 시초가 되었습니다.

신해혁명으로 중화민국을 이룩하는 데 성공한 중국 국민당의 창시자며 정치인 쑨원은 사회주의와 소련에 관심을 가졌습니다. 이 당시 공산당 역시 제국주의와 군벌을 타도하여야 하는 대상으로 여기고 있었습니다. 국민당과 공산당 모두 제국주의와 봉건주의에 반대하는 입장을 취하였습니다. 1924년, 국민당과 공산당이 힘을 합쳤습니다.

하지만 쑨원이 사망하자, 내부에 분열이 일어났습니다. 그 공백을 중국 국민당 총재며 군인인 장제스가 대체하였습니다. 지도자가 된 장제스는 군벌을 정벌하는 북벌을 진행하였습니다. 그러나 결국 공산당과 국민당의 분열이 일어나게 되었으며, 국민당은 공산당을 탄압하면서 공산당을 이끌던 마오쩌둥은 대장정을 떠났습니다.

몇 년이 지난 후 일제에 의한 시안 사건이 일어났습니다. 이에 국민당과 공산당은 항일이라는 공동의 목표를 가지고 두 번째로 연합하게 됩니다. 이것이 제2차 국공합작입니다. 중일전쟁이 일어나자 통일전선을 만들어 일제에 대응하기도 하였습니다.

세계 각국의 민족운동

제1차 세계대전 이후, 인도에서 영국은 반영운동을 탄압하는 법을 마련했습니다. 이 법은 영장 없이 체포하거나 재판 없이 감옥에 가둘 수 있는 내용을 담고 있었습니다. 이 법이 시행되자, 인도에서 독립운동가인 간디와 네루 등 민족운동가들의 활동이 활발해졌습니다.

간디는 일명 비폭력 불복종 운동이라고 하여, 폭력을 쓰지 않으면서 영국의 제국주의에 대항하는 운동을 펼쳤습니다. 그는 전 인도를 순회하면서 국민들에게 인도독립의 중요성을 설파했습니다. 1919년, 인도국민회의파의 대회에서 간디는 영국에 협력하지 않겠다는 방침을 채택했습니다. 이는 영국 정부에 세금을 내지 않으며, 영국의 회사에 취업하지 않으며, 영국의 상품도 사지 않는 것이었습니다. 불매운동은 어느 정도 성공하였으나 인도 곳곳에서 유혈사태가 벌어지자, 간디는 잠시 이 운동을 중지하였습니다.

감옥에 갇혔다가 풀려난 간디는, 이후 인도국민회의파에서 수장 역할을 수행했으며, 인도인이 스스로 농촌을 구제해야 한다는 계몽사상을 전파하기 위해서 전국을 다시 다니기 시작했습니다.

네루와 간디

1929년, 완전한 인도독립을 선언한 간디는 소금세금을 반대하는 소금투쟁을 벌치면서 또 다시 투옥과 석방을 반복했습니다.

한편 네루는 간디와는 달리, 급진적인 투쟁을 펼쳤습니다. 물론 그는 간디의 영향을 많이 받기는 했지만, 사회주의사상을 결합하였습니다. 그는 인도국민회의파에 참여하는 등 간디와도 함께 독립운동을 이어갔습니다. 1919년 평화적 시위를 하는 인도인들에게 영국군인이 무차별적으로 학살을 자행한 암리차르 학살이 벌어지자, 네루는 진상조사단의 일원을 활동하면서 세상에 영국의 잔혹함을 알릴 결심을 합니다.

1926년, 네루는 유럽으로 향하였습니다. 국제회의에서 국민회의의 대표로서 영국 식민지의 부당함과 인도독립을 주장하면서, 그는 서서히 국제적인 인물이었습니다. 이후 유럽에서 돌아온 네루의 독립운동은 서서히 급진적으로 변하였습니다. 인도의 즉각적이고 완전한 독립을 국민회의의 대표강령으로 삼았습니다. 하지만 아직은 때가 이르다는 간디의 결정에 따라, 이 강령은 철회되었지만 인도의 민심은 네루의 편으로 향하고 있었습니다.

1929년, 네루는 국민회의의 의장으로 선출되었습니다. 그는 의장으로서 오랜 소망이었던 인도의 완전한 독립을 국민회의의 목표로 선언하였습니다. 네루 역시도 간디와 함께 소금운동에 동참하면서 투옥되기도 했습니다. 이렇게 반영운동이 지속되던 가운데, 영국은 신인도통치법으로 군사와 외교를 제외한 인도 각 주에서의 자치권을 인정하였습니다. 그러나 인도는 완전한 독립을 원했기에 반영운동을 놓지 않았습니다.

한편 베트남에서는 프랑스가 독립약속을 지키지 않자, 호찌민이 독립운동을 전개하였습니다. 그는 사회주의혁명의 사상가로서 혁명운동을 지속했습니다. 베트남에서 사회주의와 공산주의 운동을 전개하기 위하여, 그는 베트남 공산당을 결성하여 민족운동을 주도하였습니다. 또한 《청년》이라는 기관지를 만들어 자신과 베트남 공산당의 사상을 널리 알리는 데 힘썼습니다.

인도네시아 역시 식민지배를 했던 네덜란드에 저항하였습니다. 인도네시아의 민족운동이자 독립운동을 이끌었던 사람은 수카르노입니다. 그는 1928년 인도네시아 국민당을 결성하고 민중주의를 주장하면서 독립운동을 전개했습니다. 체포되어 법정에서 증언하는 과정에서, 그는 제국주의에 반대하고 민족해방을 호소하면서 인도네시아를 대표하는 민족지도자로서의 이름을 알렸습니다.

이제 시선을 돌려 오스만 제국으로 가보겠습니다. 오스만 제국에서는 군인 출신의 정치가 무스타파 케말이 튀르키예 공화국을 수립하면서 술탄제도를 폐지하였습니다. 정치와 종교를 모두 관할하였던 것에서 벗어나 이 둘을 분리하였습니다. 민족주의 사상에 영향을 받은 그는 군인 시절, 제1차 세계대전 중 갈리폴리 전투에서 그리스와의 전쟁에서 위용을 보여주었다. 이 덕분에 튀르키예 국민들의 신임을 얻게 되었다.

그는 튀르크 민족의 역사와 문화에 자부심을 갖고 모든 국민이 단결하는 민족국가로서 튀르키예 공화국을 강조했습니다. 자신도 튀르키예의 아버지라는 뜻의 아타튀르크라는 성을 만들어 사용했습니다. 이것은 곧 민족성을 강조하겠다는 의도였습니다. 결국 케말이 바라는 튀르키예는 계몽된 민족공화국이었습니다.

이를 위해서 그는 한 명의 남편이 여러 명의 부인을 두는 일부다처제를 폐지하고 남성과 여성의 평등을 제도화하였습니다. 또한 법률로서 나라의 종교를 두는 국교를 폐지하였으며, 국가가 경제를 주도했습니다. 이러한 정책을 실현하기 위해서 다소 민주적이지 않은 방법으로라도 추진하려고 했습니다.

이란에서는 1925년 군인 레자 샤가 팔라비 왕조를 수립하였으며, 근대화를 위하여 수많은 젊은이들을 유럽으로 보내 신식교육을 받도록 했습니다. 산업개혁을 위하여 철도와 도로를 건설하기도 했습니다. 팔레스타인은 영국이 각각 아랍인과 유대인의 독립국가를 약속하는 후세인 협정과 맥마흔 협정으로 두 민족 사이의 분쟁지역으로 남았습니다. 이집트는 1922년 독립국가로 인정을 받았지만, 군사와 수에즈 운하에 대한 권리는 여전히 열강에게 있었습니다.

26 세계 경제대공황

1920년대 후반, 제1차 세계대전의 아픔이 조금씩 아물고 있었습니다. 경제를 회복하고 국력을 복구하기 위하여 쏟아부은 유럽 각국의 많은 노력이 서서히 그 결실을 맺기 시작했습니다. 점차 유럽과 미국에서 안정을 되찾기 시작했는데, 특히 미국은 세계경제를 주도하면서 전성시대를 맞이하고 있었습니다. 그러나 이렇게 평화만 존재할 줄 알았던 세계에 큰 위기가 찾아옵니다. 그것이 바로 경제대공황이었습니다.

공황이란 경제상태를 설명하는 용어로, 상품의 생산과 소비의 균형이 깨어지고 산업이 침체하여 파산도 나오는 상태를 말합니다. 주로 생산과 공급 과잉으로 일어나는 경제적 부작용을 말합니다. 1929년 10월 24일, 10월 29일 미국의 증권시장에서 주가가 폭락하는 사건이 발생하였습니다. 전자를 검은 목요일, 후자를 검은 화요일로 알려져 있으며, 주가폭락은 세계 경제대공황을 야기하는 신호탄이 되었습니다.

이 경제대공황의 가장 큰 타격을 받은 나라는 다름 아닌 미국이었습니다. 바로 미국이 경제대공황의 진원지였기 때문입니다. 이 당시 세계무역량은 절반 이하로 떨어지고 물가는 60퍼센트 이하로 급속도로 하락하였습니다. 실업자수는 엄청나게 많이 증가하였습니다. 생산은 반 이상 줄어들고, 전체 노동자들의 3분의1이 실업을 당하였습니다. 농민의 수입은 절반 이상이 줄어들었으며, 은행 역시도 한 개의 주를 제외하고는 그 문을 닫거나 인출을 제한하였습니다.

따라서 미국 대통령 루즈벨트는 이 난국을 타개하지 않으면 아니 되는 상황에 놓였습니다. 그는 뉴딜 정책으로 경제공황의 난국을 타개하고자 하였습니다. 이 뉴딜 정책은 구제와 부흥에 그치는 것이 아닌 개혁까지 포함하는 3R정책으로도 불리는 경제정책이었습니다.

그는 먼저 농업조정법을 마련하였습니다. 이는 과잉생산된 농산물을 모두 정부가 사들여, 농민들에게는 계획적으로 생산할 있도록 하는 제도였습니다. 공황의 기본 원리인 수요와 공급을 조정하여 균형을 맞추게 하는 그 목적이었습니다. 이어 산업부흥법을 마련하여 생산을 조절하고 최저의 가격을 정하도록 하여, 시장혼란을 최소화했습니다. 노동자의 임금과 실업을 구제하는 내용도 담겼습니다. 이 두 정책으로 공황은 조금씩 조정되어 갔습니다.

경제가 회복하자, 루즈벨트는 사회보장법을 제정하였습니다. 이는 연금과 실업자수당을 포함하여 빈곤한 사람들에게 재정지원을 규정한 것이었습니다. 이런 정책을 대법원은 위헌이라고 판결을 내렸지만, 범국민적인 지지를 바탕으로 루즈벨트는 재선에 성공하였습니다. 그는 와그너 법을 제정하여 노동자의 단결권과 단체교섭권을 인정하였습니다. 또한 최저임금제를 도입하여 주 노동시간을 40시간으로 정하였습니다.

이 뉴딜 정책을 계기로 미국은 19세기의 자유방임주의를 벗어났습니다. 또한 연방정부의 개입과 통제가 증대되었습니다. 그러

1929년 월스트리트 대폭락이 일어난 후 월스트리트와 브로드스트리트의 교차점에 모여든 관중들

나 자유경쟁 등이 완전히 사라진 것은 아니었습니다. 복지국가에 이해와 지지가 앞서면서, 경제활동이 국가로의 조정과 통제를 받아야 한다는 것이 국민들 사이에서 인정되었습니다. 총생산량이 늘어나자, 미국의 자신감도 올라갔습니다. 대외적으로도 국제적인 연대와 협조를 지향하였습니다.

영국은 대공황 위기를 극복하기 위하여 거국 내각을 구성하였습니다. 당시 노동당과 보수당이 경제위기를 극복하기 위하여 힘을 합쳤습니다. 보호관세정책을 펼쳐서 자유무역주의를 포기하였습니다. 한편 캐나다는 연방회의를 열고 연방의 자치령과 본국인 영국이 서로 농산물과 공산품에 특혜적인 관세를 부여하는 한편, 경제적으로 긴밀하게 연관되는 것을 의미하는 블록 경제를 지향하였습니다. 이 블록 경제를 주도한 정당은 보수당이었습니다.

　프랑스는 공황의 영향을 조금은 늦게 받았습니다. 따라서 경제 난을 마주하자 파시스트와 같은 단체의 활동이 활발하기 시작했습니다. 이 당시 좌파를 중심으로 한 인민전선을 결성하여 총선거에 승리하면서 인민전선내각을 조직하였습니다. 프랑스에서 경제 위기는 어느 정도 극복되었지만 복지정책은 그다지 나아지지 않았습니다. 프랑스 역시 식민지와의 블록 경제를 추진하여 경제위기를 극복하려고 했지만, 프랑스 내 경제침체는 쉽게 풀리지 않았습니다.

27 이탈리아의 파시즘

제1차 세계대전 이후 이탈리아는 승전국이었습니다. 그러나 전쟁에 승리한 국가다운 제대로 된 보상을 받지 못했습니다. 전후 이탈리아에서 노동운동과 사회주의 운동이 공장점거라는 형태로 나타났습니다. 이 2년 동안의 기간을 붉은 2년이라고 하는데, 이탈리아 정부는 좌파의 여러 공세를 봉쇄하기 위해서 파시즘을 적극 이용했습니다.

따라서 정부는 파시스트 대원들이 노동조합 사무실, 이탈리아 사회당지부 등 공공기관에 불을 지르고, 사회주의자와 노동운동가에 테러를 자행하는 일에 눈감아주었습니다. 게다가 자유주의를 부르짖던 정부가 오히려 파시즘과 손을 잡고, 이들이 의회 내부로 진입하도록 정치적 길을 열어주었습니다. 이로써 거리에서 테러를 일삼던 이들이 시민으로서 살게 되었습니다. 결국 파시스트는 스스로의 힘보다는 배후에 정부를 두고 집권을 성공에 성공하게 되었습니다.

1922년, 이탈리아의 파시즘은 로마로 진군하여 파시즘 운동을 주도하고 이끌었던 무솔리니가 총리직에 오름으로써 권력을 장악

베니토
무솔리니

하였습니다. 물론, 정부의 총리는 위급함을 인지하고 파시시트들의 로마 직군을 막으려고 했지만, 국왕이 거부함으로써 로마에는 사실상 보호막이 존재하지 않는 상태가 되었습니다. 국왕은 결국 무솔리니를 총리에 임명하였습니다. 이제 파시즘은 이탈리아의 집권세력으로 점점 세력을 공고히 하였습니다. 파시즘의 시대에서 자유주의조차 설 자리를 잃었습니다.

　무솔리니와 파시스트는 집권 이후 법과 질서의 정상화를 주장하였습니다. 그들은 "볼셰비즘에 맞서 조국을 지킨다."는 빌미로 자유주의의 질서를 억압했습니다. 파시즘 정권은 일반적이고 상식적이지 않았습니다. 곳곳에서 독재의 징조가 나타났습니다. 대표적인 사건이 파시스트 민족당이 다수당의 지위를 유지하기 위하여 새로운 선거법을 통과시킨 것이었습니다. 자유주의자들은 또 다시 '전체주의 체제'가 오고 있다고 비판했지만, 그 힘은 크지 못했습니다.

사회주의자 마테오티 의원이 무솔리니에게 암살당했으며, 파시스트 정부는 언론, 출판, 결사의 자유를 부정하였고 반대 정당 모두를 인정하지 않았습니다. 이 암살사건 이후 파시스트 정권은 명백한 전체주의가 되었습니다.

이 파시스트 전체주의는 국가가 개인의 모든 일상을 지배하는 것을 당연하게 여기고, 국가를 위해서는 개인의 자유가 통제되고 억압받는 것도 당연하다고 주장하였습니다. 그래서 공적 영역과 사적 영역을 나누는 것을 낡은 관습이라고 규정하였습니다. 따라서 전체주의의 삶은 민족공동체에 기반을 두어야 하며, 개인의 존재는 철저히 민족과 국가의 번영에 속한 것으로 보았습니다.

파시즘의 민족주의는 극단적 민족주의라 불리는데, 이는 자민족의 우월성을 무엇보다도 강조하기 위한 이념이었습니다. 이들은 스스로를 19세기 이탈리아 민족부흥운동의 계승자로 여겼습니다. 또한 리소르지멘토를 추앙하고 이끌었던 영웅인 가리발디나 마치니 등을 모두 파시스트의 일원으로 만들어, 자신들의 정치이념을 정당화하려고 이용했습니다.

이탈리아 민족을 하나로 보고, 민족과 국가를 위한 헌신을 강요한 무솔리니가 이끌던 파시스트당에, 처음에는 많은 이들이 모이지 않았지만 시간이 지남에 따라 여러 직업군과 계층의 사람들이 모이기 시작했습니다. 무솔리니는 1923년 말까지 독재적인 비상대권, 다시 말해 비상시 특별한 조치를 취할 수 있는 권리를 얻었습니다.

1925년, 파시스트 노동연맹은 노동계약을 논의할 수 있는 유일한 권한을 얻었습니다. 1년 뒤, 여러 산업분야에서 협동조합을 인정하였습니다. 1928년에는 이런 협동조합을 배경으로 둔 선거법이 새로 마련되었습니다. 이 협동조합은 사실상 국가의 하원의원 역할을 담당하였습니다. 따라서 이 당시 이탈리아를 협동조합국가라고도 불렀습니다.

파시즘 사상의 핵심은 국가를 최우선으로 한다는 것이었습니다. 국가를 대표하는 것이 파시스트당이었으며, 모든 교육과 신문 등에는 파시스트의 사상적인 내용으로만 채워졌습니다. 파시스트당이 대표하는 이탈리아가 세계적으로 팽창되어야 한다고 주장했습니다. 결국 파시스트당이 세계적으로 팽창하기 위해서는 전쟁밖에 없다는 생각을 했습니다. 그렇게 이탈리아는 제2차 세계대전에서 추축국이 되어갔습니다.

이탈리아를 점령하던 파시스트당은 교황청과의 관계를 무엇보다 중요시했습니다. 교황과 라테란에서 조약을 체결하였는데, 바티칸 도시국가의 독립을 완전히 인정하였습니다. 또한 가톨릭을 국교로 인정하는 대신, 교황은 이탈리아 왕국을 승인하고 과거의 교회령을 포기해야 했습니다.

28

독일의 나치즘

전후 독일은 막대한 경제적 타격을 받았습니다. 패전국이었기에 배상금 지불을 위하여 화폐를 대량생산해내는 바람에, 독일화폐는 제값을 인정받기 어려운 상황에 놓였습니다. 배상금 문제가 바이마르 공화국에서 완벽하게 해결되지 않자, 이것이 오히려 정치적·경제적 혼란을 야기했습니다.

이 혼란의 틈바구니에서 한 인물의 야망이 하나둘 커져가고 있었습니다. 그는 어린 시절 화가가 되고자 그림을 그렸습니다. 그러나 미술계에서 자신의 재능을 인정받지 못했습니다. 당시 예술의 방향과 자신의 그것이 달랐기 때문이었습니다. 이후 그는 반유대주의와 인종주의를 공부하면서 정치사상을 만들어갔습니다. 그가 바로 독일 나치즘을 이끈 아돌프 히틀러입니다.

히틀러는 제1차 세계대전에 참전하여 공을 세워 1급 철십자상을 받았습니다. 전후 군대에서 반혁명사상으로 정신무장한 히틀러는, 1919년 9월 반유대주의 성격이 짙은 나치스라 불리는 독일노동자당에 입당하였습니다.

군대를 전역한 뒤, 정치인이 된 히틀러는 자신의 특기로 연설을

아돌프
히틀러

꼽았습니다. 그는 연설을 할 때 선택하는 단어, 말의 빠르기, 단어
와 단어 사이의 띄어 읽기를 적절하게 활동하는 재주와, 대중이 자
신에게 집중할 수 있도록 하는 능력을 갖고 있었습니다. 히틀러의
연설은 나치의 선전수단으로 활용하였습니다. 그는 당명을 국가사
회주의독일노동당으로 바꾸고, 자신이 우두머리가 되었습니다.

　그는 군부와 보수파와 힘을 합쳐 민족공동체를 만들고 독일을
강한 나라로 재건하길 바랐습니다. 사회정책을 대대적으로 확장하
여 독일에 억압을 준 베르사유 조약을 타파하고, 민주공화제가 아
닌 독재정치를 실현하기 위해서, 유대인들을 배척해야 한다고 주
장했습니다. 이 당시 유대인은 금융계에 종사하는 사람들이 많았
습니다. 독일의 경제난을 언급하며 유대인이 독일인의 수입을 수
탈한다고 연설하면서, 유대인들에 대한 악감정을 심어준 한 사람
도 바로 히틀러였습니다.

　한편 히틀러는 더 큰 권력을 얻기 위하여 봉기를 일으켰으나,

군부의 비협조로 결국 투옥되고 맙니다. 감옥에서 그는 동유럽의 정복과 독일민족인 게르만족의 우수성을 널리 알릴 목적으로 《나의 투쟁》을 출판하였습니다. 그는 출옥 후에는 합법적인 방법으로 민주공화제가 아닌 독재국가를 이룩하기를 바랐습니다. 1930년 총선거를 준비하였으며, 총선거에서 나치스는 사회민주당에 이은 제2당이 되어 영향력 있는 합법적 정당이 되었습니다.

그는 연립내각이 아닌 나치스 일당독재를 바랐지만, 대통령선거에서 힌덴부르크에게 패배하고 맙니다. 그 이후 당의 세력범위를 넓혀갔으며, 히틀러는 여전히 연립내각에 참여할 것을 권유받았지만 이를 거절하였습니다. 선거를 치르면서, 그는 자본가와 농업계를 비롯한 많은 이들의 지지를 한몸에 받으면서 정치적인 영향력을 더욱 넓혀갔습니다.

이미 민심을 얻은 히틀러였기에 대통령 힌덴부르크도 그의 존재감을 무시할 수 없었습니다. 결국 그를 수상으로 임명하게 됩니다. 수상이 된 히틀러는 보수파와 군부의 협조를 받아 반대세력들을 모두 탄압하고 일당독재의 체제를 마련하였습니다. 1934년, 대통령 힌덴부르크가 사망하자, 히틀러는 수상이자 대통령을 겸하는 총통이 되어 완벽한 독재체제를 구축하였습니다. 독재자 히틀러는 국가재정을 모두 국가의 발전을 위하여 사용하고자 하였습니다. 이미 그의 사상에 세뇌당할 대로 세뇌당한 국민들은 그를 전폭적으로 지지했습니다.

1930년대, 나치독재를 이룩하기 위하여 히틀러는 자신의 최대 심복인 괴벨스와 리펜트로프를 만나 의견을 규합했습니다. 이후 흑색 셔츠를 입은 SS단을 만들어 자신이 최고 지도자가 됩니다. SS단은 SA단보다 상위였고 순수한 아리아인만 소속될 수 있었습니다. 이들은 후일 나치 비밀경찰의 핵심이 됩니다. 나치당이 아니고서는 합법적인 정당으로 인정하지 않으면서, 히틀러의 독재를 견고하게 하였습니다.

　이 나치즘은 파시즘과 비슷합니다. 그러나 파시즘에 비해 훨씬 더 독재적이며, 오로지 히틀러 한 사람에 대한 광신도에 가까운 국민적 지지를 바탕으로 하였습니다. 실제로 히틀러를 부르는 용어인 '하일 히틀러'는, 히틀러를 신과 같은 구원자로 인정하고 따른다는 의미를 갖고 있었습니다. 위대한 아리아인을 위한 인종주의에 물든 나치즘은, 유대인 등 다른 인종을 대량학살을 자행하면서 세기의 비극을 낳습니다.

29

일본의
군국주의

　일본은 제국주의에 뒤늦게 뛰어든 국가였습니다. 일본의 식민지는 우리나라가 유일했습니다. 게다가 일본 역시도 산업화로 대량생산의 생산물들을 처리하기 어려운 문제에 놓였습니다. 그나마 식민지를 많이 보유하고 있던 나라들인 영국과 프랑스 등은 본국과 식민지 사이에서의 연계를 한 블록 경제를 통하여 해결할 수 있었습니다. 하지만 일본은 블록 경제조차 할 시스템을 충분하지 보유하고 있지 않았습니다. 그러다 보니, 기업들이 파산하고 실업자들이 속출하였습니다.

　이 어려움을 벗어나기 위하여 일본이 선택한 방법은 새로운 식민지를 얻기 위한 전쟁이었습니다. 이 전쟁을 수행하기 위하여 군대를 가장 우선에 두었으며, 군사작전을 위하여서는 국민들의 희생은 마땅한 것으로 여겼습니다. 다시 말해 모든 전력을 전쟁에 집중하는 것이 당연하다고 국민들을 세뇌시켰습니다. 이런 일본 전체주의를 군국주의라고 말합니다.

　일본이 노린 땅은 중국이었습니다. 만주를 공격하기 위하여 일본 관동군이 류타오후의 만주철도를 폭파하는 사건을 벌였습니다.

중일전쟁 당시 센양을 점령한 일본군

하지만 일본군은 이 사건을 중국이 한 것으로 조작하였습니다. 이에 명분이 생긴 일본은 중국 침략을 대대적으로 선포하고 공격을 감행하였습니다. 일본은 만주에 재한괴뢰국가인 만주국을 만들고, 이를 전쟁수행을 위한 병참기지로 삼았습니다. 봉천이 일본군에게 점령당해서 연락이 두절되자, 중국 정부는 일본과 직접적으로 전쟁을 하는 대신, 국제연맹에 이 문제에 대한 해결을 요구하였습니다.

그러나 국제연맹에서 중국은 원하는 답을 얻지 못했습니다. 미국과 영국은 모두 일본을 비호했기 때문이었습니다. 결국 국제연맹이사회는 일본의 주장에 지지하는 것으로 결론을 매듭지었습니다. 이 결정은 중국 내부에서 대대적인 불만을 낳았습니다. 전국 각지의 대학교에서 항일구국회가 결성되면서, 일본을 상대로 시위를 이어갔습니다. 심지어 일본 외교부를 습격하기도 하였습니다.

그러나 아직 공산당과의 전투가 남아 있던 장제스는 일본에 맞서기를 두려워 했습니다. 중국은 국제여론전을 펼쳐 일본을 몰아

내려고 했지만, 일본은 국제연맹의 결정을 따르지 않았습니다. 일본은 우선적으로 자신들에게 우호적인 친일정부를 만든 뒤, 중국을 완벽한 일본 영토로 삼고자 하였습니다.

만주를 차지하고자 하는 일본의 계획은 치밀했습니다. 일본군부는 만주에 우선적으로 친일괴뢰정부를 수립한 뒤, 이 정부가 중국에서 독립하면 일본이 영구적으로 소유하려는 목표를 갖고 있었습니다. 이 친일괴뢰정부의 결성을 위하여 청나라의 마지막 황제 푸이에게 황제의 자리를 맡겼습니다. 그가 만주족이었기에 적당한 인물이라고 생각했던 것입니다. 푸이 역시 중화민국에게 빼앗긴 청나라를 되찾고자 하였기에, 만주국 황제의 자리를 수락하였습니다.

결국 만주국은 겉으로는 독립국가처럼 보였지만, 사실 일본에 종속되어 있는 괴뢰정부였습니다. 그 결과, 일본은 만주통치권을 가지게 되었으며, 만주를 봉천, 지린, 흑룡강으로 영토를 나눴습니다. 중국은 지속적으로 항의하였지만, 일본은 만주국을 만주제국으로 바꿨습니다. 일본은 제2차 세계대전에서 패배할 때까지, 이 만주에 대한 야욕을 놓치지 않았습니다.

중국은 다시금 만주를 되찾고자 국제사회에 일본의 침략상을 호소하였습니다. 국제연맹의 조사단이 만주에 왔지만, 일본은 이 조사단의 업무를 방해하기 위해서 전쟁으로 시선을 돌렸습니다. 이 전쟁이 바로 1932년 일어난 상하이 사변입니다.

1932년에 상하이를 공격한 5년 뒤, 중국 화북에서 양국 갈등의 불이 다시 상하이로 옮겨 왔습니다. 일본 육군이 중국군의 포위공격을 받았으면서, 일본은 본국에서 육군을 파견함으로써 두 번째 상하이 전쟁이 벌어졌습니다. 1937년에 벌어진 이 상하이 사변은 중일전쟁의 서막을 알리게 되었습니다.

중일전쟁 당시, 일본은 중화민국 수도인 난징을 공격하여 무고한 이들을 죽이는 것도 모자라, 여성들에 대한 인권유린과 약탈을 이어갔습니다. 중국은 국민당과 공산당의 내전으로 혼란했지만, 양당은 일본이라는 공공의 적을 두고 국공합작으로 항일전쟁을 이어나갔습니다.

일본은 삼광작전이라고 하여 학살과 인권유린을 자행했으며, 이를 위해 온갖 근대화 무기를 도입하였습니다. 그러나 중국인들의 항일정신은 쉽사리 꺾이지 않았으며, 전쟁은 장기화되었습니다. 게다가 일본은 중국뿐만 아니라 다른 나라로의 침략욕망을 굽히지 않았기에, 중일전쟁은 제2차 세계대전으로 확대되는 양상을 보였습니다.

추축국의 형성과 침공

국제사회의 다양한 이데올로기와 시대적 상황에 맞물린 상황에서, 스페인에서 내전이 일어났습니다. 당시 왕정이었던 스페인은 근대화를 추진하는 과정에서, 정책실패로 막대한 재정난에 부딪혔습니다. 그러자 노동자들과 민중은 왕정을 타도었습니다. 그 결과, 공화정이 세워졌지만 다시금 왕정으로 복귀되었고 다시 공화정이 들어서기를 반복하는 혼란스런 정국이 이어졌습니다. 스페인 내부 갈등은 심했습니다.

한편 두 번째 공화정 시절, 정부는 다양한 개혁적인 조치를 취하였으나, 실효성은 없었고 종교와 군부의 반발만 들었습니다. 갈등은 점점 극심해졌으며, 정국은 점점 사회주의의 영향을 받아 강경사회주의로 나아갔습니다. 이때 두 나라가 중심이 되어 추축을 형성하였습니다. 바로 독일과 이탈리아였습니다.

독일과 일본은 방공협정, 다시 말해 상시 소련 코민테른에 대한 정보의 상호 공유와, 그에 방어할 수단을 성호 협의하는 규정을 체결하였습니다. 라인란트에 진격하여 주둔을 개시한 독일과, 에티오피아를 침략하여 영국과 대립을 시작한 이탈리아는 서로 동맹을

도쿄에서 열린 삼국동맹 조약체결 축하행사

맺었습니다. 두 나라의 동맹은 스페인 내전으로 더욱 견고해졌습니다.

사실 이 방공협정은 소련에 대응하기 위하여 결성된 것이었습니다. 그러나 1937년, 중일전쟁이 시작되면서 독일과 일본의 방공협정은 소련보다는 미국, 영국, 프랑스 등 서구권 국가들에 대응하는 전략으로 변화하였습니다. 결국 1940년, 독일-이탈리아-일본 세 나라의 방공협정은 제2차 세계대대전의 추축국으로 완성되었습니다.

이 추축국의 시선은 세계 침략으로 향했으며, 일본은 만주사변 조사위원단에 대한 불만으로 국제연맹을 탈퇴했습니다. 군자금 확대에 대한 국제연맹의 비난을 듣던 독일도 연이어 탈퇴했습니다. 국제연맹은 제 기능을 발휘하지 못하는 유명무실한 상태에 이르렀습니다.

이런 상황에서 이탈리아의 무솔리니는 에티오피아를 침공하였습니다. 이미 1896년 침공을 하려다가 실패하였는데, 이탈리아 파시스트는 그때 치욕을 씻을 필요성을 갖게 되었습니다. 국제연맹은 이탈리아를 침략국으로 규정하고, 이탈리아 상품과 군수물자를 판매하지 못하도록 금수조치를 내렸습니다. 이탈리아는 이를 불이행하고 오히려 알바니아를 보호국화하려고 침략을 감행했습니다.

독일은 베르사유 조약에서 비무장지대로 이미 규정한 라인란트를 침공했습니다. 이에 영국과 프랑스는 국제연맹에 항의했지만, 그냥 형식적인 항의에 그치고 말았습니다. 아마도 이 당시 두 나라가 제대로 된 외교적 항의와 군사적 제제를 가했다면, 히틀러와 나치당은 그 순간 동력을 잃었을 수도 있었습니다.

일본은 대동아공영권을 주장하면서 중국을 침공하였습니다. 대동아공영권은 동아시아와 동남아시아를 합쳐서 '대동아' 지역으로 규정하고, 이 지역의 새로운 질서를 일본이 담당해야 한다는 침략적 지배논리였습니다. 일본은 이미 만주사변 이전, 조선, 일본, 만주, 중국, 몽골 등 다섯 민족이 일본을 중심으로 화합해야 한다고 억지주장을 해왔습니다. 부족이 화합하여야 한다는 그들만의 사고를 주장한 바 있습니다.

하지만 대동아공영권의 실체는 일본이 주장한 것과 너무나도 달랐습니다. 일본의 주장은 겉포장만 화합이었지, 실상은 식민지로 삼은 국가와 보호국으로 삼은 국가들의 강제 동원이었습니다. 인적·물적인 동원뿐만 아니라, 문화적·정신적 수탈까지 동원되었습니다. 식민지 국가들의 독립운동을 철저하게 탄압했으며, 오로지 천황을 위하여 존재하여야 한다는 식민지사관을 펼쳤습니다.

독소불가침조약

베르사유 조약에서 군비제한을 스스로 폐기한 독일은 현대적 무기와 기계화된 장비로 무장한 군대와 공군을 가지게 되었습니다. 히틀러는 이런 군사력을 바탕으로 유화정책을 폈던 영국과 프랑스와 달리, 오스트리아 군대를 강제합병하기에 이릅니다. 히틀러의 야욕은 여기에 그치지 않고, 범게르만인들의 이름으로 독일인들 325만 명이 거주하는 체코슬로바키아의 주데텐란트를 요구했습니다. 이에 다른 유럽 국가들은 히틀러가 전쟁을 일으키지 않을까 하면서 많이 긴장했습니다.

되도록 평화를 유지하고자 했던 영국과 프랑스는 이탈리아 무솔리니를 가교 역할로 내세워 뮌헨에서 히틀러와 정상회담을 가졌습니다. 이것을 뮌헨 협정이라고 합니다. 이 당시 영국 수상 체임벌린은 이를 평화보장이라고 자랑했지만, 정작 독일의 침략야욕은 더욱 거셌습니다. 결국 독일 히틀러는 체코슬로바키아의 남은 영토까지 진격하여 독일영토로 합병했습니다. 급기야 폴란드에게 단치히를 자유시로 요구하기에 이릅니다. 이에 영국과 프랑스는 폴란드와 협상을 맺고 상호 원조조약을 체결하는 것으로 대응하였습

조약문에 서명하고 있는 소련 외무부 장관 뱌체슬라프 몰로토프. 서 있는 사람 중 왼쪽에서 셋째가 독일 외무부 장관 요아힘 폰 리벤트로프, 넷째가 이오시프 스탈린이다.

니다.

　그러나 히틀러는 영국과 프랑스의 군비가 충분하지 못하며, 이들 나라의 사회적 분위기도 독일을 대응하기엔 제 힘을 발휘하지 못할 것이라고 판단했습니다. 히틀러의 시선은 소련으로 향했습니다. 이를 눈치 챈 영국과 프랑스도 소련의 존재감을 의식하여 협상을 위한 사절단을 보냈으나 소련은 소극적이었습니다. 반면 히틀러는 외무장관 리펜트로프를 협상단의 단장으로 소련에 보내는 등 적극적이었습니다. 결국 이념적으로 나치즘과 공산주의가 같은 편이 될 수 없음에도, 1939년 양국은 히틀러-스탈린 조약이라는 독소불가침조약이 체결되었습니다.

　이 조약에 따르면, 두 나라는 서로 침공하지 않으며 상대국가가 다른 나라와 전쟁을 할 경우에는 반드시 중립을 지킨다는 것과 폴란드에서 양국이 동시에 세력을 갖는다는 내용이 있었습니다. 이 독소불가침조약은 유럽을 넘어 전 세계를 놀라게 했으며, 파시즘 타도를 주장했던 공산주의자들에게도 충격을 안겨주었습니다.

32 제2차 세계대전의 발발

히틀러는 이제 두려움이 없어졌습니다. 독일군은 불가침조약을 깨고 1주일만에 폴란드에 최후통첩을 보내고 공격명령을 내렸습니다. 영국과 프랑스는 폴란드에서 독일군이 철수할 것을 요구했지만, 히틀러가 이를 지키지 않았습니다. 결국 9월 3일, 영국과 프랑스는 독일에 선전포고를 함으로써, 제2차 세계대전의 막이 올랐습니다.

독일은 기계화된 공군과 부대를 앞세워 폴란드에서 압도적인 전격작전을 펼쳤습니다. 전격작전은 신속한 기동과 기습으로 한번에 적진을 돌파하는 기동작전입니다. 폴란드는 속수무책으로 조금의 저항을 할 수도 없이 무너졌습니다. 이를 보던 소련은 독일과 폴란드를 분할 점령하여 발트 3국과 핀란드까지 공격했습니다.

서부전선에서 독일은 모두의 예상을 깨고 중립을 지키고 있던 덴마크와 노르웨이를 공격하여 점령하였습니다. 공군과 잠수함 기지를 확보할 수 있게 되었습니다. 이 당시 영국에서는 처칠이 연립내각을 형성하여 독일과의 전쟁을 수행했습니다. 노르웨이를 점령한 뒤 얼마 되지 않아, 독일군은 기계화 부대로 벨기에와 네덜란

덩케르크에서 영국 선박에게 구조된 프랑스 병사

드로 공격을 감행하였습니다. 기계화 부대란 장갑차나 탱크 등의 현대식 무기를 적극적으로 운용하여 전투를 치르는 부대를 말합니다.

이어 멈추지 않고 독일군은 프랑스의 방어 마지노선인 도버해협을 향하여 진격하였습니다. 그 결과, 영국과 프랑스 연합군이 프랑스의 핵심부대와 격리되어 덩케르크의 해안에 고립되고 말았습니다. 독일군은 이제 프랑스 수도인 파리로 향하였습니다. 프랑스는 완전 무방비 상태였으며, 파리를 점령한 독일군과 휴전조약을 체결할 수밖에 없었습니다.

당시 프랑스 영토 가운데 3분의 2가 독일의 점령 아래에 놓이게 되었습니다. 제1차 세계대전의 영웅이었으나 이미 늙은 군인이 된 필리프 페탱을 지도자로 한 괴뢰정부가 비시 지역을 통치하게 되었습니다. 이를 비시 괴뢰정부라고 합니다. 전쟁은 지속되었지만 프랑스는 계속 패배했으며, 드골 장군이 이끌던 프랑스군은 도버해협을 필사적으로 건너가 영국에서 피난민들을 규합하여 자유 프랑스를 결정하였습니다.

프랑스 본토에서는 지하 저항세력들이 프랑스의 해방을 위해서 독일군과 게릴라전을 펼쳤습니다. 이제 유럽에서 독일과 저항할 만한 나라는 영국이 유일했습니다. 독일군은 영국의 전력을 약화시키기 위해서, 런던 공습을 매일 감행했지만 영국도 만만한 상대는 아니었습니다. 처칠의 지도 하에 영국은 무기와 군수품을 계속 생산해냈으며, 영국공군도 독일군에게 많은 피해를 입혔습니다.

한편 이탈리아는 발칸과 아프리카로의 침략을 감행하였습니다. 영국과 여러 각국의 저항이 너무나 커서, 이탈리아에게도 쉽지 않는 싸움이었습니다. 그러나 히틀러는 동맹을 맺은 이탈리아에 기계화 분대를 지원했습니다. 이에 아프리카, 유고슬라비아, 그리스까지 독일과 이탈리아의 영향력에 놓이게 되었습니다.

전선의 확대와 전세의 변화

히틀러의 야욕은 끊임이 없었습니다. 하지만 1941년, 그는 넘지 말아야 할 선을 넘어버렸습니다. 소련을 공격한 것입니다. 독소불가침조약을 독일이 먼저 깨버린 것이었습니다. 이 당시 소련도 지속적으로 군비를 확장하고 있었는데, 독일 히틀러는 소련을 믿지 못하고 불안했던 것이었습니다. 그리고 전쟁을 이어가기 위해서 소련의 물자와 식량, 그리고 유전을 독차지 하고 싶었습니다.

히틀러는 소련을 폴란드 침공 때처럼 쉽사리 굴복시킬 수 있을 것이라 생각했습니다. 급기야 소련을 공격하여 레닌그라드와 모스크바, 그리고 우크라이나를 점령하는 데에 성공하였습니다. 하지만 너무나 넓은 소련의 영토를 더 이상 점령하기에는 후방 지원 부재와 추위로 쉽지 않았습니다. 과거 나폴레옹이 러시아를 침공할 때처럼 독일도 무력화되고 말았습니다.

한편 미국은 중립을 지키면서 고립주의를 내세웠습니다. 그러나 독일이 폴란드를 침략하자, 미국 내 추축국에 대한 반대여론이 상당히 높았습니다. 이대로 둔다면, 유럽은 완전히 나치 독일과 공산주의 소련의 지배 아래에 놓일 것이 뻔했습니다. 이렇게 된다면,

진주만에서 일본군의 포탄을 맞고 불타오르는 미국 전함 애리조나 호

미국에도 이로울 것이 없는 게 자명했습니다.

위기감을 느낀 루즈벨트 대통령은 미국의 민주주의를 지킨다는 이유를 내세워 영국에 전폭적인 지지를 아끼지 않았습니다. 1941년 3월, 무기대여법을 제정하여 영국을 포함하여 추축국과 싸우는 모든 국가들에게, 무기, 화약, 전투식량 등 전쟁에 포함되는 모든 물품뿐만 아니라 식료품까지 적극적으로 공급하기 시작하였습니다. 이런 미국의 지원은 히틀러에게는 자극이 되었으나, 히틀러는 되도록 미국과의 전쟁을 피하고 싶었습니다.

한편 일본은 중국의 본토 깊숙한 곳까지 침략야욕의 손길을 뻗쳤습니다. 일본군은 중국의 주요 도시를 점령하였지만, 중국 국민당도 수도를 중경으로 옮겨서 군사적 저항을 이어갔습니다. 대동아공영권을 내세운 일본은 동아시아와 남방으로까지 침략을 지속하였습니다. 삼국동맹으로 고무된 일본군은 프랑스령 인도차이나

반도와 남태평양으로까지 진군했습니다. 또한 미국의 전초기지인 괌과 필리핀을 점령하였습니다. 이것이 미국을 자극했습니다.

급기야 이때 일본군도 히틀러처럼 넘지 말아야 할 선을 넘고 맙니다. 바로 미국령인 하와이의 진주만을 공습한 것입니다. 이 진주만 사건으로 미국이 단결하여 일본과 전쟁을 벌일 수 있는 빌미를 갖게 되었으며, 미국군의 참전으로 전세를 급격하게 전환기를 맞게 되었습니다. 1942년, 태평양 코랄 지역에서 미국 해군과의 전투에서 일본이 패배하고 맙니다. 그해 6월 일본은 미드웨이로의 공격을 감행하였지만 실패합니다. 미국은 필리핀에 주둔한 일본군을 격파하면서 되찾아옵니다. 이제 미국은 일본 본토를 공격하기에 이릅니다.

한편 아프리카에서 몽고메리 장군이 지휘하는 영국군이 독일 롬멜 장군이 이끄는 전차부대에 큰 손상을 입혔습니다. 마침 아이젠하워 장군의 지휘 하에 영국과 미국은 독일을 협동하여 공격하기 시작하였습니다. 독일은 동부전선에도 스탈린그라드에 공격하였는데, 이를 점령하지 못했습니다. 결국 소련군의 포위를 이기지 못하여 30만의 독일군은 항복하면서, 독일군은 동부전선에서 완전히 물러납니다.

1941년까지만 해도 독일, 이탈리아, 일본의 추축국이 세계를 마치 정복할 것처럼 보였지만, 건드리지 말아야 할 금단의 영역 미국과 소련을 건드리면서 전선은 뒤집어졌습니다. 이에 추축국은 벼랑 끝에 몰리게 되고 결국 전쟁의 종결로 서서히 다가오고 있었습니다.

홀로코스트와
인권유린

제2차 세계대전에서 수많은 인권유린이 벌어졌습니다. 이 인권유린이 학살로 이어지면서 전쟁범죄나 다름없었습니다. 독일군이 저지른 홀로코스트의 배경에는 히틀러와 나치 수뇌부들의 극단적인 반유대주의가 자리하고 있었습니다. 이들은 유대인을 독일인의 적을 넘어서 전 유럽의 적으로 규정했습니다.

물론 유대인에 대한 반감이 이 당시에만 있었던 것이 아니었습니다. 이전 유럽 사회에서도 예수 그리스도를 죽게 했으며, 심지어 페스트를 유대인이 퍼뜨렸다는 주장도 일기도 했습니다. 결국 오랜 역사에서 유대인은 죄인이나 악마로 몰아내우면서 기생충 같은 존재로 간주되기도 했습니다.

나치 독일은 처음에는 유대인을 차별과 분리의 관점에서 대우했지만, 점차 열혈 나치당원들은 유대인 상점에 불을 태우거나 불매운동을 벌이는 등 폭력적인 시위를 벌였습니다. 나치 정부는 법조인 유대인을 내쫓았으며, 급기야 직업공무원재건법을 만들어서 부당하게 퇴직시키기도 했습니다. 순수한 아리아인의 혈통을 지킨다는 빌미로 유대인을 탄압했습니다.

1944년 5월 독일이 점령한 폴란드의 아우슈비츠 수용소에 도착한 유대인들

이 법이 뉘른베르크법입니다. 이 법으로은 유대인과 독일인의 결혼금지, 유대인의 독일국기 사용금지, 제국국적법에 따라 독일 혈통만이 독일 국민이 되는 자격, 유대인의 시민권 박탈, 유대인 재산 불법 등이 감행되었습니다. 결국 독일에 거주하던 유대인들은 해외로 이주할 수밖에 없었습니다.

선전부 장관인 괴벨스의 선동에 따라, 독일 전역에서 유대인들은 막대한 폭력의 피해를 얻었습니다. 많은 유대인들의 상점이 파괴되고 많은 유대인들이 사망하였습니다. 제2차 세계대전은 전쟁을 넘어 반유대주의를 표방한 홀로코스트로 이어졌습니다. 전쟁은 폭력을 무감각하게 만들었습니다. 결국 독일군은 유대인들을 강제로 이송하기에 이릅니다. 이들이 선택한 곳은 폴란드 지역에 설치된 게토였습니다.

독일군은 게토에 유대인을 몰아넣고 비유대인과 분리시켰습니다. 이 게토는 담장과 철조망이 설치되었으며, 출입은 엄격하게 통제되었습니다. 여기서 열악한 환경과 식량부족으로 수많은 유대인들이 사망하였습니다. 결국 본격적인 홀로코스트가 게토에서 시작되었습니다.

첫 번째의 홀로코스트는 독일 정규군의 뒤를 쫓은 친위특공대에 의하여 이뤄졌습니다. 이들은 커다란 구덩이를 판 뒤, 그곳으로 유대인들을 총살하는 방식으로 절멸을 시켰습니다. 이 학살에는 비단 독일인뿐만 아니라 다양한 인종들이 가담하였습니다.

그러나 이런 방식으로는 유대인 모두를 절멸이 할 수 없었습니다. 게다가 이 학살에 드는 화약류와 시간을 아껴야 하는 상황이었습니다. 그래서 독일 나치당은 다른 방법을 고안하였습니다. 다름 아닌 가스 학살이었습니다. 처음에는 가스차에서 학살이 시작되었습니다. 가스차에 유독가스를 주입하여 유대인들을 죽었습니다. 사망한 유대인들의 시체를 구덩이에 묻어버렸습니다. 그러다 가스차에 들어갈 수 있는 유대인의 수가 적으니, 가스실을 고안하여 대규모의 가스학살을 저질렀습니다. 강제노동을 위해 설치된 수용소가 학살을 위한 수용소로 탈바꿈한 것입니다.

한편 일본은 식민지 국가, 특히 우리나라에 강제동원을 시행하였습니다. 지원병이라는 이름으로, 실제로는 강제징용으로 무고한 젊은 청년들이 '방패막이'로 전장에 보내졌습니다. 꽃다운 나이의 젊은 여성들은 일본군의 위안부로 전쟁에서 희생당했습니다. 이렇게 전쟁은 홀로코스트와 인권유린을 무참하게 자행하였습니다.

35

전쟁의 종결

전쟁의 양상이 연합군에게 유리하게 흘러가기 시작했습니다. 먼저 무너진 나라는 이탈리아였습니다. 전쟁 내내 많은 국력을 소진하였을 뿐만 아니라, 무솔리니가 히틀러나 스탈린처럼 이탈리아를 완벽하게 장악하지 못했기 때문이었습니다. 게다가 권력에 집착하는 무솔리니를 이탈리아 국민들도 알게 되면서, 그는 파멸의 길로 나아가고 있었습니다.

처음에는 히틀러의 존경을 받았지만, 전쟁이 격화되면서 어느새 무솔리니는 히틀러의 방패막이 같은 역할을 해야 했습니다. 소련에 병력을 보낼 것을 요구한 히틀러의 말을 따라야 했던 무솔리니는, 결국 소련과의 전쟁에서 패하면서 막대한 병력손실을 감당해야만 했습니다.

이렇게 되자 이탈리아 내부의 불만은 더 높아졌습니다. 이제 이탈리아 국민들도 무솔리니의 말이 허황되다는 것을 알게 되었습니다. 시칠리아에 연합군이 상륙하고 로마에 폭탄에 떨어지자, 내부에서 적들이 생겼습니다. 결국 그의 측근들이 나서서 무솔리니를 수상에서 끌어내렸습니다. 파시스트 무솔리니는 이제 전쟁범

레이테 해안에 도착한 미군 사령관 더글러스 맥아더

죄자의 위치에 놓였습니다. 급기야 그는 스위스로의 탈출을 감행하였으나 실패하고 붙잡혀서, 로제타 광장에서 거꾸로 매달리는 결말을 맞게 되었습니다. 이로써 이탈리아는 항복을 하게 되었습니다.

이제 남은 국가는 독일과 일본입니다. 먼저 항복한 나라는 독일입니다. 연합군은 프랑스 본토를 위협하고 비시 프랑스까지 침공한 독일을 가만 두지 않았습니다. 이에 연합국의 노르망디 상륙작전으로 전세는 뒤집어지기 시작했습니다. 이 노르망디 상륙작전의 날을 정하는 과정에서 나온 유명한 단어가 있습니다. 바로 D-day 입니다. 다시 말해 언제 개시를 한다는 의미를 가진 이 단어는 원래 군사용 언어였지만 지금은 일상용어가 되었습니다.

기습적으로 진행된 이 작전의 성공은 날씨가 좌우했습니다. 당시 날씨는 상륙작전에 적합하지 않았는데, 그래서 방심했던 독일군은 이 작전의 감행을 예상하지 못했습니다. 그러나 결과적으로 칼레 항으로 상륙하는 것처럼 속인 연합국은 노르망디를 급습했습니다.

결국 이 작전은 대성공을 거두면서, 전쟁의 주도권을 연합국으로 가져왔습니다. 이어 소련이 독일의 수도 베를린을 공격함으로써 전쟁은 서서히 종결의 조짐을 보였습니다. 독재자 히틀러에게 남은 선택지는 없었습니다. 이미 무솔리니가 어떤 최후를 맞이하였는지를 지켜본 히틀러는 지하 벙커에서 스스로 목숨을 끊었습니다. 이로써 독일도 연합군에 무조건적인 항복을 선언하였습니다.

마지막으로 남은 국가는 일본이었습니다. 일본은 독일이 항복하고 나서도 바로 항복하지 않았습니다. 게다가 전쟁 막바지까지 우리나라에서 강제동원의 만행을 저질렀으며, 철저히 '천황'을 위하여 죽기를 강요했습니다. 그러나 1945년 8월, 히로시마와 나가사키에 원자폭탄이 터지면서 무조건적인 항복을 선언하였습니다.

전후 처리와 국제연합 창설

제2차 세계대전이 종식되자, 국제사회의 숙제는 전쟁 후 세계 정세의 안정, 전쟁 후의 정비와 지속적인 평화유지를 어떻게 실현할 것인가였습니다. 그런데 아이러니하게도 전쟁 후의 정세논의가 한창 전쟁 중이던 1941년에 이미 있었습니다. 미국 대통령 루즈벨트와 영국 총리 처칠이 대서양 해상의 군함에서 만나 결의한 헌장, 대서양 헌장이 그것입니다. 이 대서양 헌장은 제2차 세계대전 이후 국민복지와 평화 등 양국의 공동정책으로 마련하자는 내용을 담았습니다.

이 정책은 영국이 영토확장을 하지 않는 것, 나치스의 폭정을 파괴한 다음 모든 인류의 생명을 보장하는 평화를 확립하는 것, 침략 국가들의 무장을 해제하는 것, 항구적인 안전보장제도를 확립하는 것, 그리고 군비부담을 경감하는 것을 의결했습니다. 이 헌장은 실제적인 것은 아니었지만, 미국이 첨전한 후 연합국의 공동의 목표가 되었으며, 이후 국제연합의 기초적인 토대가 되었습니다.

이후 1943년, 카이로에서 이탈리아의 항복 이후 닥쳐올 문제를 해결하기 위하여 미국의 루즈벨트, 영국의 처칠, 중국의 장제스가 모여서 회담을 개최하였습니다. 첫 회담에서 일본에 대항하기 위하여 어떻게 전쟁을 수행할 것인가에 대한 논의가 있었습니다. 세 나라는 서로 협력할 것을 협의하고, 일본이 만일 전쟁에서 졌을 때 일본영토 문제를 연합군이 처리한다는 방침을 세웠습니다. 처칠과 루즈벨트는 노르망디 상륙작전을 논의하고, 장제스는 일본에게 빼앗긴 중국 영토를 되찾아온다는 것을 합의했습니다. 특히 이 카이로 회담에서 우리나라의 독립문제가 처음 논의되었습니다. 적절한 시기에 독립시킨다를 서로 합의했습니다.

이제 연합군은 독일로 그 시선을 돌렸습니다. 이탈리아는 이미 항복상태였으며, 곧 독일의 패전 기미가 보였기 때문이었습니다. 전쟁 이후 독일 문제를 해결하기 위해서 연합군은 크림반도의 얄타에 모였습니다. 미국의 루즈벨트, 영국의 처칠, 소련의 스탈린이 참여하였습니다.

우선적으로 독일인의 최저생계만 보장해주고 군수산업은 모두 폐쇄하거나 몰수하며, 주요한 전쟁범죄자들은 뉘른베르크의 국제재판에 회부하기로 하였습니다. 또한 독일을 완벽하게 무장해제 국가로 만들고 분단을 계획하였습니다. 독일에게 배상금을 물리기로 합의하였습니다.

연합국은 국제연합을 만들기를 원했는데, 미국이 영국과 소련의 가교 역할을 하여 샌프란시스코에서의 국제연합헌장이 탄생할 수 있었습니다. 여기서 소련이 대일전쟁에 참여하는 것을 비밀리에 결의하였습니다. 여기서 우리나라의 독립 이후 신탁통치에 대한 논의가 먼저 시작되었습니다.

1945변 7월, 제2차 세계대전의 종전이 다가올수록 연합국은 세계대전 이후의 대일처리를 논의하기 위하여, 미국의 트루먼, 영국의 처칠, 중국의 장제스, 소련의 스탈린이 중심이 되어 포츠담 선언을 하였습니다. 그 선언은 일본이 무조건적으로 항복과 반성, 선

카이로 회담 당시 태평양 전쟁의 연합군 지도자(왼쪽부터 총통 장제스, 대통령 프랭클린 루즈벨트, 총리 윈스턴 처칠)

언을 받아들일 것을 요구했습니다. 또한 이 선언에는 일본군대의 무장해제와 전쟁범죄자 처벌, 민주주의 부활, 인권존중, 군수산업 금지 등을 담겨 있었습니다.

제2차 세계대전 이후, 연합군에게 남은 것은 패전국들에 대한 처리였습니다. 여러 논의를 한 결과, 독일에서 동독은 소련이, 서독은 미국, 영국, 프랑스가 각각 점령하고, 베를린은 이 네 국가가 모두 점령하는 것으로 합의되었습니다. 그러다 보니 타의에 의해 서독에는 민주적인 독일연방공화국이, 동독에는 공산주의의 독일민주공화국이 만들어졌습니다.

한편 전쟁을 일으킨 이들에 대한 재판도 실시되었습니다. 뉘른베르크 전범재판에서 독일 전범에 대한 재판이 이었습니다. 도쿄에서는 일본 전범에 대한 재판이 열렸습니다. 추축국은 전쟁배상금을 지불해야 했으며, 군사에 대해서는 국제사회의 규제를 받아야 했습니다.

국제연맹의 부재를 느낀 국제사회는 국제기구를 다시 만들어야 한다는 생각에서 국제연합UN. United Nation 을 만들었습니다. 이 국제연합은 국제사회의 평화와 기본적인 인권수호를 그 목적으로 하였습니다. 이 상임이사국으로는 미국, 영국, 프랑스, 중국, 소련이 맡았습니다. 이렇게 두 차례 엄청난 세계전쟁의 소용돌이는 이제 마무리되었습니다.

1946~2000

4장

현대의 시작과 예측할 수 없는 세계

냉전체제의 형성

제2차 세계대전이 종식된 후 냉전시대가 이어졌습니다. 냉전시대란 차가울 냉冷에 싸울 전戰을 합친 단어로, 총과 칼 같은 무기로 싸우는 열전熱戰과 달리 이념을 두고 싸우는 것을 말합니다. 다시 말해 미국 중심의 자본주의를 기반으로 한 민주주의 진영과 소련 중심의 공산주의 진영 사이의 대립을 냉전시대라고 말합니다.

공산주의는 민주주의 진영에게 큰 부담이었습니다. 공산권 국가들의 팽창은 이미 서방사회의 경계를 삼기에 충분했습니다. 소련에게는 동유럽을 놓칠 수 없는 지역이었습니다. 서방 공격에 대한 완충지였기 때문입니다. 양 세력 모두 서로를 경계했습니다. 영국 수상 윈스턴 처칠의 '철의 장막'은 유럽을 넘어 전 세계의 냉전시대를 잘 보여준 단어였습니다.

공산주의 위기를 불러온 또 다른 중요 요인은 중동지역과 동지중해에서 일어난 사태입니다. 소련은 서방 국가들의 경고에도 불구하고, 풍부한 지하자원인 석유를 얻기 위해서 이 지역에 공산 게릴라 정권을 세웠습니다. 게다가 다르다넬스 해협에 대한 공동관리권을 튀르키예에 요구하면서 군사작전을 펼쳤습니다. 미국은 이

해리 S. 트루먼
대통령

를 침략으로 간주하고 봉쇄전략으로 맞섰습니다.

1947년, 민주주의 진영을 대표하는 미국의 트루먼 대통령이 공산주의의 침략에 직면한 그리스와 튀르키예에 대한 입장을 발표했습니다. 이 조처는 그리스와 튀르키예뿐만 아니라 프랑스까지 소련이 침공할지 모른다는 미국의 우려에서 나온 것이었습니다. 이를 트루먼 독트린이라고 합니다. 독트린이란 한 나라가 공식적으로 표방하는 정책을 말합니다. 주요 내용은 소련의 팽창은 미국이 개입해서 봉쇄하겠다는 것이었습니다.

소련의 봉쇄는 유럽 부흥의 계획을 담은 마셜플랜으로, 이는 북대서양조약기구에서 구성되면서 보다 구체화되었습니다. 마셜플랜은 미국이 서유럽의 나라를 향한 대외원조계획을 말하는 것입니다. 그 내용은 세 가지로 정리됩니다. 먼저, 유럽의 부흥계획을 수립하는 문제는 유럽인의 일이라는 것입니다. 둘째, 유럽 국가들의 재정회복기준은 재정적인 자립기반 위에서 원만한 생활수준의 유지하는 것입니다. 셋째, 이 계획에 참여할 수 있는 국가는 기본적으로 유럽 국가들입니다. 이 마셜플랜이 통과되면서, 서유럽국가들은 경제적인 협력기구들을 재편했는데, 지금의 경제협력개발기구OECD, Organization for Economic Cooperation and Development가 되었습니다.

북대서양조약기구는 1949년 조인된 북대서양조약에 근거한 기구입니다. 이는 소련을 중심으로 한 동구권의 위협에 대항하기 위한 집단적인 방위기구입니다. 특히 서독이 여기에 가입하자 공산권 국가들은 이에 대응하기 위해 바르샤바 조약기구를 만들기도 하였습니다. 북대서양조약기구는 창설 때에는 회원국이 미국, 프랑스, 영국, 이탈리아를 포함한 12개 국가였지만, 2024년 현재 스웨덴까지 가입해서 총32개 국가가 되었습니다.

마셜플랜이 먼저 선포되자 소련은 이에 대응하고자 국제기구를 만들었습니다. 소련 공산당이 중심으로 한 소련, 폴란드, 헝가리 등 9개 국가의 공산당과 노동자당 대표가 폴란드에서 코민포름을 만들었습니다. 이는 공산당의 정보국이라고 할 수 있습니다. 코민테른이 국제적인 공산주의 운동의 지도자격인 단체였다면, 코민포름은 정보와 경험의 교류, 그리고 활동의 조정을 목적으로 하는 지역적인 기구에 불과하였습니다.

코민포름은 점점 소련 공산당을 중심으로 한 국제적인 공산주의 운동과 기구, 국가의 지도기관으로서의 모습을 보이기 시작하였다. 하지만 이후 공산주의 운동을 방해한다고 하여 해체되었습니다. 한편 공산권국가들도 경제적 연합체를 구성했습니다. 경제상호원조회의를 위하여 코메콘을 조직하였습니다. 이는 사회주의와 공산주의 국가들의 협력을 통한 국가경제의 계획과 균형발전 등을 그 핵심으로 하였습니다. 또한 군사적인 협력을 위하여, 바르샤바 조약기구를 만들었습니다. 상호 안전보장체제를 확립하고 사회주의와 공산주의 국가들 사이의 동맹을 강화하기도 했습니다.

2

냉전체제의 전개

냉전시대의 상황을 가장 잘 보여준 나라는 바로 독일입니다. 독일은 제2차 세계대전의 패전국으로서 독일연방공화국의 서독, 독일민주공화국의 동독으로 각각 나뉘어져 있었기 때문입니다. 서독은 민주주의 국가들의 감시 속에서, 동독은 공산주의 국가들의 감시 속에서 지내야 했습니다. 민주주의 국가들의 대표자격인 미국, 영국, 프랑스가 각각 서독을 단일 행정구역으로 통합시켰으며, 화폐개혁을 단행하였습니다.

베를린을 두고 여러 나라들의 야욕과 열망은 끊임없었습니다. 소련의 소비에트 지도자 흐루쇼프는 베를린을 비무장지역으로 해야 한다고 주장하였습니다. 이는 베를린에서 위기가 고조된 서독인들의 위기 때문이었습니다. 이 주장이 만일 받아들여지지 않는다면, 소련은 베를린으로 통하는 모든 길을 차단하여 전 세계를 위협할 것이라고 주장했습니다. 오히려 흐루쇼프가 '자유로운 공조'를 스스로 깨뜨리며 동서의 긴장을 고조하였습니다.

그러나 민주주의 국가들의 반응은 냉담함 그 자체였습니다. 소련과 가깝다는 지정학적인 위치 때문에 베를린을 비무장지대로 둘

베를린 장벽을 건설 중인 동독 노동자들

경우 이는 베를린의 공산화를 의미하는 것이나 다름없었습니다. 결국 베를린 위기는 수차례 거듭되다가 베를린 장벽이 건설되면서 일단락되었습니다. 베를린 장벽이 건설되기 전에는 동독에서 서독 으로 260만 명이 넘어왔습니다. 이들은 대다수 경제활동을 담당하 는 젊은 세대였습니다. 결국 경제적 문제로 서독으로 이주할 수밖 에 없었던 것입니다.

따라서 동독 정권과 소련 지도부는 더 이상 이 사태를 보고만 있지 않았습니다. 젊은 세대의 탈주를 방지하고자 베를린 장벽을 세운 것입니다. 이로써 독일의 통일은 영영 먼 이야기가 되고야 말 았습니다. 이 베를린 장벽은 분단독일의 상징일 뿐만 아니라, 서로 를 파시스트로 규정했던 냉전시대를 의미하는 이념의 벽이 되었습 니다. 결국 1961년에 세워진 베를린 장벽은 1989년 11월 9일 무너 질 때 까지, 우리나라의 휴전선과 비슷하게 공산주의와 민주주의 진영 사이 이념대립의 상징이었습니다.

한편 미국과 소련 내부에서도 상대 진영에 대한 숙청작업이 벌어졌습니다. 미국에서는 공산주의자들을 숙청하자는 메카시 선풍이 일어났습니다. 미국 공화당의 상원의원 조셉 메카시는 미 국무부에 이른바 '빨갱이'가 존재한다고 주장하면서, 이들을 중세시대의 마녀사냥과 비슷한 원리로 숙청하였습니다. 또한 소련의 스탈린 역시 독재체제를 강화하기 위하여 제국주의와 파시즘 모두 자본주의의 산물로 간주했습니다. 양국의 이념갈등은 더욱 심화되었습니다.

아시아도 이 냉전체제의 열전을 피해갈 수 없었습니다. 우리나라는 한국전쟁을 겪으면서 남한과 북한으로 갈라져서 메카시에 버금가는 이념대립이 이어지고 있습니다. 베트남 역시 남과 북으로 분단되어 베트남 전쟁을 치르게 됩니다.

또한 핵무기 경쟁도 치솟았습니다. 미국이 중동과 터키 지역에 핵무기를 배치하자, 소련은 쿠바에 미사일 기지를 건설하고자 하였습니다. 미국 언론이 쿠바 미사일 위기라며 대대적으로 여론몰이를 하자, 미국과 소련의 전쟁위기는 한층 더 높아졌습니다. 이렇게 냉전시대를 지속되었습니다.

제3세계의 등장

이념을 두고 양 진영이 대립과 분열을 지속하고 있을 때, 제1세계도, 제2세계도 아닌 새로운 진영이 등장하였습니다. 여기서 제1세계는 미국을 중심으로 한 민주주의와 자본주의 진영이며, 제2세계는 소련을 중심으로 한 공산주의와 사회주의 진영을 말합니다. 이 두 세계에 속하지 않은 진영을 제3세계라고 합니다. 이들은 대대수 개발도상국이었습니다.

이들은 정치적으로는 제2차 세계대전 당시 식민지였거나 또는 반식민지 국가였습니다. 다시 말해 식민지배를 직간접적으로 경험한 바가 있는 나라였으며, 종전 후에 냉전체제의 어느 곳을 편들지 않은 나라들입니다. 정치적 중립을 선택한 나라인 것이죠.

한편 경제적으로는 자본주의나 공산주의를 선택해야 하는 국가들이었습니다. 이들은 비동맹을 내세워서 비동맹국가로 불립니다. 이들 국가는 정치적으로나 경제적으로나 모두 독립과 중립을 유지하겠다는 의지를 갖고 있었습니다. 이들 국가가 태동하기 시작한 것은 1954년 콜롬비아에서 회의를 했습니다. 인도, 미얀마, 인도네시아, 파키스탄, 스리랑카 다섯 나라는 미국과 소련에 대립적 관계

1955년 당시 반둥회의 회담장

에 관여하지 않겠다는 협의를 하였으며, 스스로 협력하는 제3세력
이라고 규정했습니다.

　중국의 저우언라이와 인도의 네루가 만나서 〈평화 5원칙〉을 발
표했습니다. 첫째, 영토와 주권의 상호존중 원칙, 둘째, 상호 침략
행위 금지, 셋째, 내정간섭 금지, 넷째, 평등과 상호 혜택, 다섯째,
평화와 공존을 위한 국제사회 연대가 논의되었습니다.

　한편 아시아와 아프리카의 29개 국가들이 회의를 열었습니다.
이 회의를 인도네시아의 반둥에서 개최하였다고 하여 반둥회의라
고 부르고 있습니다. 이 회의에 참여한 국가들은 내외부적 상황은
나라마다 달랐지만, 공동의 입장을 취하였습니다. 따라서 평화를
위한 열 가지 원칙을 발표했습니다.

　첫째, 기본적 인권과 국제 연합의 헌장을 존중한다. 둘째, 모든
국가의 주권과 영토 보존을 존중한다. 셋째, 모든 인종과 국가 사
이의 평등을 인정한다. 넷째, 다른 나라의 내정간섭을 하지 않는다.

다섯째, 모든 국가의 개별적이며 집단적인 자위권을 존중한다. 여섯째, 강대국에 유리한 집단적인 안보 체제를 배제한다. 일곱째, 무력을 쓰는 침략과 위협을 부정한다. 여덟째, 국제적 분쟁을 평화적으로 해결한다. 아홉째, 상호적인 이익을 협력하여 추진한다. 열째, 정의와 국제적 의무를 존중한다.

제1차 비동맹회의에서 유고슬라비아의 티토, 인도의 네루, 이집트의 나세르가 비동맹국가의 결속을 강화할 것을 선언했습니다. 첫째, 영토와 주권의 상호 존중. 둘째, 상호적인 침략행위 금지. 셋째, 내정간섭 금지, 넷째, 평등과 상호 혜택, 다섯째, 평화의 공존, 이 다섯 가지를 베오그라드에서 선언하였다고 하여 베오그라드 선언이라고도 합니다.

여기에 가입한 비동맹국가의 수는 점차적으로 증가하여 제2차 회의에는 40개국이, 1973년의 4차 회의에서는 73개국이 참여하였습니다. 제3세계는 국제연합의 세력분포에 큰 변화를 일으켰으며, 국제정세의 판도에도 영향을 미쳤습니다. 하지만 중공이나 쿠바 등 공산주의 국가들이 이들의 틈에 파고들면서, 처음 의도와는 다르게 움직이고 있었습니다. 이를 가장 염려한 나라가 바로 미국이었습니다.

냉전의 완화

소련에서 독재자 스탈린이 사망하고, 한국전쟁이 1953년 휴전 상태로 다다르면서 미국과 소련 사이의 긴장이 완화될 조짐이 보였습니다. 이런 움직임에 발맞추어 세계도 다국체제로 변화하기 시작했습니다. 다시 말해 미국과 소련 두 나라가 주도하는 것이 아니라, 세계 각국이 각자의 목소리를 내는 국가들이 생겼습니다. 이에 세계정세는 각 나라들의 이익에 맞는 구도로 흘러갔습니다. 이런 냉전체제의 완화 분위기에도 매카시 열풍, 베를린 장벽, 쿠바 미사일 위기 등이 만든 냉전시대의 산물은 잔존해 있었습니다.

이때 소련의 새 지도자로 니키타 흐루쇼프가 되었습니다. 1956년, 흐루쇼프는 스탈린의 독재정권을 비난했습니다. 그는 서방과의 평화와 공존을 전면 내세웠습니다. 한편 바르샤바 조약기구에서 철수선언을 한 헝가리에 군사적으로 개입하였습니다. 그는 반대세력을 물리치고 국가수반이 되었습니다.

1959년, 냉전 분위기를 와해하기 위하여, 흐루쇼프는 미국 대통령 아이젠하워를 만났지만, 미국의 비행기가 소련의 상공에서 격추당하는 바람에 정상회담은 무산되었습니다. 2년 뒤, 다시 케네디

니키타
흐루쇼프

대통령을 만났지만 베를린과 쿠바 미사일 기지 문제로 냉전 분위기는 지속되었습니다.

이러한 분위기 속에서, 미국에서 아시아의 방위는 모두 아시아 국가들의 힘으로 한다는 원칙을 앞세운 닉스 독트린이 발표되었습니다. 이후 긴장완화, 다시 말해 데탕트 분위기가 세계적으로 퍼지기 시작했습니다. 그 일환으로 미국이 베트남에서 철수하고 중국과의 국교를 수립하고, 소련과 전략 무기제한에 대한 협정을 체결하게 되었습니다.

유럽에서 프랑스는 북대서양조약기구를 탈퇴하였으며, 서독은 동방정책으로 동독과 교류하였으며, 서독의 빌리 브란트 총리는 유대인들에게 사죄했습니다. 동유럽에서는 헝가리와 체코슬로바키아가 자유화 운동을 통하여 소련에 반대하는 대규모 봉기가 일어났습니다. 따라서 소련과 서독은 상호 불가침협정 조약을 헬싱키 협약으로 체결했습니다.

5

소련의 해체와
독일의 통일

소련은 브레즈네프 시대의 독트린으로 동제경제체제와 공산당 관료체제를 강화했습니다. 이 당시는 여전히 이념대립으로 국가가 정치와 경제를 통제하던 시대였습니다. 공산당이 아니면 관료로서 생활조차 힘든 시대였습니다. 흐루쇼프는 스탈린의 개인적 숭배를 비판하고 평화의 공존을 위한 선언을 하였지만, 보수파들은 흐루쇼프를 비난하면서 반발했습니다.

흐루쇼프가 스탈린 체제를 반발한 이유는 기득권층을 타격하여 정치적 입지를 강화하고자 하는 의도도 있었지만, 경제산업화의 이득과 그 공이 스탈린 개인에게 돌아갔기 때문이었습니다. 특히 스탈린 체제의 공포독재를 경험하면서 공산주의의 이상적 이념과 맞지 않음을 통감했기 때문이었습니다.

1985년, 고르바초프는 개혁을 뜻하는 러시아어인 '페레스트로이카'와 개방을 뜻하는 '글라스노스트'를 내세웠습니다. 여기서 개혁은 온건한 혁신뿐만 아니라, 체계적이고 근본적인 전환을 포괄하는 것입니다. 자본주의의 시장경제와 민주주의의 정치제도를 도입하겠다는 선언이었습니다. 이는 동유럽 국가들에게 불간섭 원칙

미하일
고르바초프

을 발표한 것으로 동유럽의 자유화를 촉진했습니다. 이 결과, 공산당이 해체되었습니다. 물론 공산당 강경파들은 고르바초프의 개혁을 반대하고 쿠데타를 일으켰습니다.

1991년, 고르바초프를 몰아내고 대통령이 된 옐친은 소련 연방을 해체하고, 발트 3국과 그루지야를 제외한 나머지 11개 국가를 '독립국가연합'으로 해체하게 됩니다. 결국 소련은 역사의 뒤안길로 사라졌습니다. 이런 동유럽의 분위기에서 독일에서도 서서히 냉랭한 분위기가 녹고 있었습니다. 1969년, 서독 총리 빌리 브란트의 동방정책을 통해, 서독만이 자유선거에 의한 정부를 가진 합법국가임을 의미하는 할슈타인 원칙을 포기하기에 이릅니다.

이후 동독과 서독은 서로 기본조약을 맺고 민간인들의 교류를 먼저 시행하였습니다. 이는 과학기술과 문화 그리고 환경 등에 대한 협력적인 체계였습니다. 15년 동안 34차례의 협상을 맺었습니다. 1992년 동독 여행이 자유화가 되었습니다. 이로써 서독과 동독, 양국은 문화교류를 넘어서 경제적 발전도 도모하게 되었습니다.

이에 동독 국민들은 민주화와 자본주의 경제제도 등을 정부에 요구하면서, 통일을 요구하는 시위를 벌였습니다. 그 결과, 동독의 공산당 서기장인 호네커가 사퇴하면서 자유총선거가 실시되었습니다. 1989년 11월 9일 드디어 분단의 상징인 베를린 장벽이 허물어졌으며, 동독이 서독에 흡수되었습니다. 1990년, 동독과 서독은 지금의 하나된 독일이었습니다.

6

공산권 붕괴와 중국의 변화

러시아와 독일에서 냉전 분위기가 서서히 녹아질 때, 다른 국가들에도 이런 냉전시대가 저물기 시작합니다.

먼저 헝가리입니다. 1956년, 헝가리에서 민중봉기도 있었겠지만 실제적으로 공산당 내부의 개혁파에 의해서 변화가 진행되었습니다. 경제활동의 자유화를 비롯하여 경제개혁과 민주주의의 확대를 내세우면서 다당제를 도입하였습니다. 하지만 1968년 민주화운동인 '프라하의 봄'이 소련에 의해 무참하게 유린당하지만, 1988년 개혁의 물결은 다시 일기 시작했습니다.

다음은 폴란드입니다. 1988년, 폴란드에서 자유노조의 움직임이 활발해지고 공산당정부와 협상이 이뤄지지 시작했습니다. 결과적으로 반공산당의 권력분담이 인정되었으며, 국회선거에서 자유노조가 압승을 거뒀습니다. 그래서 폴란드에서 공산당의 지배에 서서히 균열이 가기 시작했습니다. 결국 나라 이름을 폴란드인민공화국에서 폴란드공화국으로 바꿨습니다. 자유노조를 이끌던 지도자 바웬사가 1990년 11월에 대통령으로 당선되었습니다.

세 번째는 루마니아입니다. 1989년 12월, 루마니아에서 헝가리

체코슬로바키아인들이 국기를 들고 불타는 소련군의 탱크를 지나는 모습

계 주민들의 대변인격이었던 목사를 연행하면서 주민들의 반항이 일기 시작했습니다. 이를 계기로 25년 동안 독재를 했던 차우셰스쿠에 대한 불만이 터졌습니다. 차우셰스쿠는 계엄령으로 대응하려고 했지만, 군부가 그의 명령을 거부하였습니다. 결국 차우셰스쿠 부부는 대통령 관저로 도망가다가 체포되어 군사재판을 거쳐 총살로 생을 마감했습니다. 이후 구국전선이 압승을 거두고, 1991년 신헌법은 복수정당제와 시장경제로의 이행과 시민권을 보장했습니다.

　마지막은 체코슬로바키아입니다. 1977년, 체코슬로바키아에서 '헌장 77'이라는 소주 지식인들 중심으로 인권옹호단체가 결정되어 민주화운동이 있었지만, 이는 침체되고 말았습니다. 그러나 헝가리에서 프라하의 봄을 주도한 지도자들이 돌아오자, 체코슬로바키아에서도 민주화의 봄이 불기 시작했습니다. 시민포럼들이 결성되고 복수정당제가 수립되었습니다. 이 민주화운동으로 결국 공산정권은 붕괴되고, 개혁과 민주화를 주도한 지도자 바츨라프 하벨이 대통령으로 당선되면서 체코와 슬로바키아로 나뉘게 되었습니다. 이를 벨벳 혁명이라고 합니다.

한편 중국은 여전히 공산권 국가로 남아 있는 몇 안 되는 국가입니다. 중국은 소련이 붕괴될 때에도 독자적인 노선을 취합니다. 그래서 중국은 한 쪽에서는 경제개발을 위한 대약진 운동을 펼치면서, 정치적으로는 중국식 공산주의를 유지하는 방향으로 갔습니다. 류사오치, 덩사오핑의 실용주의 경제정책을 추진하면서, 마오쩌둥은 홍위병을 동원한 문화대혁명으로 독재를 강화하였습니다. 결국 천안문톈안먼 사건으로 중국 내부 공산주의는 더욱 심각해졌습니다.

7

경제질서의
재편과 협력

전후 경제체제는 브레턴우즈 체제라는 경제체제로 흘러갔습니다. 1944년, 미국 브레턴우즈에서 열린 이 회의는 국제환율을 안정시켜서 무역을 진흥하기 위하여 미국의 달러화를 기준으로 고정적인 환율제도를 도입하기로 했습니다. 다시 말해 지금처럼 미국 달러가 세계 공용 화폐의 기준이 되는 것이었습니다.

국제적으로 정치적 혼란과 함께 경제적 혼선을 수습하기 위해서 열린 이 회의에서 두 개의 중요한 경제기관이 만들어졌습니다. 국제통화기금인 IMF International Monetary Fund 와 국제부흥개발은행인 IBRD International Bank for Reconstruction and Development 가 그것입니다.

국제통화기금의 중요한 업무는 세계무역을 안정시키고 가입한 국가들의 고용증대와 소득증가, 그리고 생산자원의 개발에 기여하는 것이었습니다. 한편 국제부흥개발은행은 개발자본의 융자기관으로 자리했습니다. 세계무역의 안정을 위하여 관세와 무역에 관한 일반적인 협정도 이 당시에 체결되었습니다.

이처럼 브레턴우즈 체제로 세계 경제적인 안정의 첫 단추가 채

미국 워싱턴에 위치한 국제통화기금 본부

워지고 있었습니다. 그러면서 경제는 점점 세계화로 널리 확대되었습니다. 이때 한 발 더 나아가 신자유주의사상이 등장하면서, 자유시장경제와 규제완화를 주장하였습니다. 대표적인 것이 너무나 커진 복지국가를 해체하거나 축소하여 경쟁사회를 부활시켜야 한다는 영국 대처주의와 경제발전으로 위대한 미국을 만들어야 한다는 레이거노믹스입니다.

　한편 국제적으로 여러 무역분쟁이 일어났습니다. 각국은 자신들이 더 많은 이익을 누리기를 바랐습니다. 이는 결국 무역갈등으로 이어졌습니다. 따라서 국제적 무역분쟁과 관세제도 등을 조정할 수 있는 기관이 대두되면서, 세계무역기구인 WTO World Trade Organization 가 만들어졌습니다. 또한 국가 간 물자와 서비스 등의 원활한 이동을 위하여 무역장벽을 조금은 완화하고, 이 장벽을 서서히 철폐하는 것을 그 업무로 하는 자유무역협정 FTA가 체결되었습니다. 이 자유무역협정은 현재까지도 수많은 국가에서 체결되고 있습니다.

한편 1967년 동남아시아에는 동남아시아 국가연합이 모였으며, 2015년 아세안경제공동체로 발전했습니다. 1989년, 아시아와 태평양 지역에서는 아시아 태평양 경제협력체인 에이펙APEC이 만들어졌습니다. 아프리카는 아프리카 연합을, 아메리카는 북미자유무역협정을 만들어 공조를 하였습니다. 남아메리카의 국제연합도 2008년에 만들어졌습니다. 유럽은 미스트리흐트 조약의 결과로 유럽연합 EU가 만들어졌습니다. 하지만 영국은 탈퇴합니다. 이처럼 현대로 점점 더 오면서 국제사회는 상호 연대를 하고 협력하며 공존하기 위한 노력을 기울이고 있습니다.

지역 곳곳의 분쟁

냉전이 서서히 녹아가는 가운데, 세계 곳곳에서는 다른 열전이 일어나고 있었습니다. 가장 원인은 바로 종교이념과 조약분쟁이었습니다. 결국 종교적 갈등이 정치적 갈등으로 이어지게 된 것입니다.

먼저 팔레스타인입니다. 팔레스타인 분쟁은 세계 여러 분쟁에서 가장 심한 내전으로 꼽힙니다. 이 내전의 주요한 원인은 각 나라와의 조약 사이의 충돌이 꼽히고 있습니다. 1915년의 후세인-맥마흔 협정과 1917년의 벨푸어 선언의 영향이 팔레스타인의 내부까지 영향을 미친 것입니다.

후세인-맥마흔 협정은 제1차 세계대전 동안 영국의 고등판무관인 맥마흔과 메카의 통치자인 후세인이 맺은 협정입니다. 그 내용은 오스만 제국에 맞서 반란을 일으키는 대가로 아랍 국가의 건설을 약속한 것입니다. 다시 말해 팔레스타인에 아랍의 독립을 허가하고, 아랍의 나라를 만든다는 약속이었습니다.

그로부터 2년 뒤, 영국 외무부 장관 벨푸어가 팔레스타인 영토에 유대인의 민족적인 고향, 다시 말해 나라를 건설하는 것을 지지

요르단 강 서안
지구와 가자 지구의
팔레스타인 정착촌

하겠다고 밝힙니다. 이것이 벨푸어 선언입니다. 이 두 사건으로 팔레스타인에는 이슬람교를 대표한 아랍 국가, 그리고 유대교를 대표한 유대인들의 국가 이스라엘이 설립되게 되었습니다. 제2차 세계대전 이후 영국이 팔레스타인의 문제 해결권을 국제연합 UN에 넘기게 돼버립니다. 결과적으로 팔레스타인 분할이 그 안으로 마련되었습니다.

그러나 중동전쟁에서 전쟁조짐이 보이기 시작하였습니다. 이스라엘과 아랍권의 민족과 종교 문제를 기반으로 한 전쟁이 일어났습니다. 이스라엘의 독립선포가 아랍 민족의 반발을 사게 되었으며, 이는 곧 전쟁선포로 이어졌습니다. 초반에는 아랍 국가들의 협공으로 우세한 듯 보였지만, 미국이 이스라엘을 지원하면서 전세의 판도가 바뀌기 시작했습니다.

이 중동전쟁은 UN 안전보장이사회에서 휴전결의가 통과되어 일시 중시되었지만, 휴전 당시 이스라엘에게 유리하게 팔레스타인의 영토가 분할되었습니다. 그러나 팔레스타인은 팔레스타인 해방기구 PLO를 결성하여 무장투쟁을 이어갔습니다. 그 결과, 팔레스타인은 자치정부를 수립하면서 평화적인 노력을 기울였지만, 일명 수에즈 전쟁이라 불리는 제2차 중동전쟁, 6일 전쟁이라 불리는 제3차 중동전쟁, 라마단 전쟁이라 불리는 제4차 중동전쟁까지 이어졌습니다.

한편 종교가 직접적인 원인으로 떠오른 전쟁은 카슈미르에서의 분쟁이었습니다. 이곳에서 힌두교와 이슬람교가 갈등을 빚었습니다. 이 충돌은 카슈미르 지역에서의 영유권을 둘러싸고 전쟁으로 이어졌습니다. 종교를 기반으로 하여 인도와 동서 파키스탄이 나뉘게 되었습니다. 이전쟁은 국제연합의 중재로 카슈미르가 분단되는 것으로 결론이 났지만, 분쟁은 계속 진행되고 있습니다.

유럽에서는 보스니아, 코소보, 체첸과 러시아에서의 내전, 그리고 키프로스에서의 내전, 현재 일어나는 러시아와 우크라이나 사이의 전쟁까지 모두 민족과 종교 등의 이해관계에 따라서 내전이 일어나고 있습니다.

아프리카에서는 르완다, 수단, 소말리아, 이라크 등의 전쟁이 민족분쟁과 난민문제 등 수많은 문제들을 야기하고 있습니다. 아프리카에는 자의가 아니라 영토분할을 유도했던 유럽 열강들에 의하여 분쟁이 야기된 것만큼, 더 많은 민족적인 분쟁이 현재까지 존재합니다.

걸프 전쟁

9

20세기 세계에는 하나의 고민과 갈등이 이것에서 시작되었습니다. 바로 지하자원의 감소입니다. 특히 한정된 석유의 감소입니다. 검은 황금이라고 불리는 석유는 중요한 자원입니다. 1991년 1월 17일, 여러 강대국과 이라크는 이 석유를 확보하기 위해서 전쟁을 벌였습니다. 이것이 걸프 전쟁입니다.

당시 이라크의 대통령 사담 후세인은 이라크의 '바빌론의 영광'을 내세워 낙후된 지역에서 군사강국으로 키웁니다. 후세인의 대외정책 방향은 소련과 친하고 미국과 이스라엘을 반대하는 것이었습니다. 그러다 이란과 샤트 알 아랍의 수로를 두고 경쟁을 하다가, 양국 모두 실익이 없자 전쟁을 종결합니다.

그러다 1990년 8월, 그는 '원유시장의 물량을 쿠웨이트가 너무 많이 공급하여 석유의 가격을 떨어뜨려, 이라크에게 140억 달러의 경제적인 손실을 가져왔다.'는 명분을 앞세워서, 쿠웨이트를 침공하였습니다. 이 침공이 걸프전의 시작이 되었습니다.

걸프전이 일어나자, 미국을 중심으로 한 서방 국가들은 UN 안전보장이사회에 12개의 결의안을 넣어 이라크를 침략국으로 규정

4장

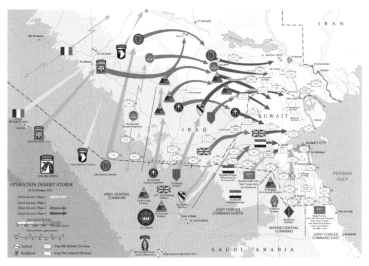

걸프 전쟁의 향방을 결정지은 '사막의 폭풍작전' 전개도

하였습니다. 여기서 이라크에게 즉각적인 쿠웨이트에서의 철수를 촉구하였습니다. 만일 철수하지 않는다면 무력을 사용하기로도 결의하였답니다.

결과적으로 미국을 포함하여 33국의 세계 국가에서 미군 43만 명과 다국적군인 68만 명이 이라크를 공격하였습니다. 1991년 1월 바그다드의 공습을 시작으로 이른바 '사막의 폭풍' 작전이 실행되었습니다. 사막의 폭풍 작전에서 알 수 있듯이, 이 작전은 방어가 아닌, 공격을 위한 전투를 의미했습니다. 이라크에 대한 대공세를 통해서 이라크의 항복을 빠른 시일 내에 받아냄으로써, 전쟁의 피해를 최소화하고자 했던 것이 연합국의 전략이었습니다.

최첨단 무기로 무장한 연합국은 이라크를 압도했으며, 이 전쟁은 한 달을 넘게 이어갔습니다. 미 공군은 공중폭격을 통해서 이라크의 레이더 통신과 사령부, 생화학 무기공장을 초토화시켰습니다. 한편 육지전에서 M1A1 에이브람스 전차를 동원하여 이라크의 구형 전차를 무력화시켰습니다. 이렇게 걸프 전쟁은 막을 내리게 되었습니다. 사담 후세인의 재임 시절, 군사강국으로 적군이 없다는 평가를 들을 정도였지만 연합국의 최첨단 무기 앞에서는 속수무책일 수밖에 없었습니다.

10

홍콩, 중국에 반환되다

1840년부터 2년 동안 영국과 청나라의 아편전쟁이 일어났습니다. 이 전쟁에서 승리한 영국은 난징 조약을 체결하여 영구히 홍콩을 자신의 영토로 만들었습니다. 이후 영국의 함선 애로호로 1856년부터 4년 동안 제2차 아편전쟁이 일어났으며, 영국은 청나라를 상대로 또 한 번 승리를 거두었습니다. 그 결과, 청나라는 구룡반도 일부를 다시 영국에게 내주게 되었습니다.

이후 청나라는 조선을 식민지로 만들고자 하였던 일본과 청일전쟁을 치르게 되었습니다. 이 청일전쟁에서 일본은 승리하면서 조선에 대한 통치권을 인정받았습니다. 이때 영국은 홍콩방위 목적으로 청나라와 교섭을 시도하였습니다. 결국, 1898년 홍콩은 99년 동안 영국의 통치에 놓이게 되었습니다. 하지만 제2차 세계대전 당시 일본군이 홍콩을 침범하면서 잠시 일본의 영토가 되기도 했습니다. 1945년 일본이 패전하자, 다시 영국으로 귀속되었습니다. 1946년 영국 정부는 홍콩 총독부를 수립했습니다.

이런 홍콩의 반환이 처음 논의된 시점은, 1979년 홍콩 총독 머레이 멕클레호스가 중국을 방문하면서 되었습니다. 이후 영국 총

영국령 시절의 홍콩의 기

리 마가렛 대처가 중국에 방문한 것을 계기로 홍콩 반환은 본격적으로 논의되었습니다. 영국 정부는 홍콩 주민의 영국으로의 이주를 방지하는 국적법을 개정하였습니다. 또한 중국 공산당 중앙위원회 총서기 후야오방이 홍콩 주권의 회복을 선언하면서 본격화되었습니다. .

1997년에 홍콩의 중국 반환을 논의하기 위해서, 양국은 1982년부터 교섭절차에 들어갔습니다. 이 협상에서 주중 영국대사 리처드 애번스와 중국 외교부장관 저우난이 서명하였고, 영국 총리 마가렛 대처와 중국 총리 자오쯔양이 서명하면서, 선언은 1985년부터 발효되었습니다.

1997년 7월, 홍콩이 중국에 반환되면서, 홍콩 전역에 특별행정구가 되었습니다. 중국은 협정을 맺은 1997년 이후 50년 동안 홍콩의 현행 체계를 기본적으로는 유지하기로 한 것입니다. 외교와 국방 문제를 제외하고는 홍콩의 자치권을 인정하는 조약문이 체결되었습니다.

홍콩이 중국에 돌아가는 데 있어 두 가지의 대원칙이 만들어졌습니다. 첫째, 항인치항港人治港 다시 말해 홍콩은 홍콩 사람이 다스린다. 둘째, 50년 불변의 원칙, 홍콩 제도는 50년 동안 유지한다.

1983년, 홍콩은 이미 홍콩 달러로 대미 달러의 고정환율제를 채택하였습니다. 제1대 행정수반으로 퉁치화가, 이후 2007년 행정수반으로 도널드 창이 취임했습니다. 현재는 존 리가 행정수반으로 있습니다.

미국침공과 9·11사태

세계적인 갈등은 현재까지도 지속되고 있습니다. 20세기 말부터 미국 중심의 세계질서와 세계평화를 반대하면서 미국과 이스라엘을 상대로 성전을 수행하는 단체가 조직되었습니다. 이 단체를 이끄는 사람이 오사마 빈 라덴입니다. 빈 라덴은 사우디아라비아의 명문가에 부유한 집안에서 태어났습니다. 그는 대학교에서 이슬람교를 믿는 선생님의 영향으로 극단적 이슬람주의자로 변모하였습니다. 소련이 아프가니스탄을 침공했을 때, 아랍의용군을 조직하여 소련에 저항하기도 했습니다.

걸프 전쟁 전 당시 빈 라덴은 사우디아라비아를 방어하고자 했으나, 정작 사우디아라비아가 자신들의 방어를 미국에 맡기면서 감옥에 갇히고 맙니다. 1992년. 이집트로 간 그는 미국을 반대하는 세력들과 함께 알 카에다라는 국제테러집단을 만들었습니다. 1993년, 빈 라덴은 미국정부에게서 '주요 테러 재정지원자'로 지목받으면서, 미국과 유대인을 처단하는 성전을 벌입니다.

급기야 알 카에다는 아프리카 케냐와 탄자니아에 있는 미국 대사관에 테러를 가하고 이슬람 테러 단체들을 지원하였습니다. 미

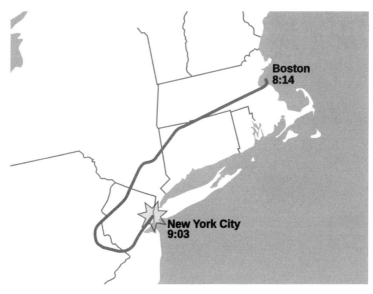

유나이티드 항공 175편의 비행경로

국의 반격으로 알 카에다의 기지와 화화무기 공장이 파괴되자, 극단적인 방법으로 미국과의 대립을 만들었습니다.

급기야 2001년 9월 11일, 이슬람 무장 테러범들이 4대의 민간 항공기에 탑승하여 납치를 하여 세계무역센터빌딩과 미 국방부에 충돌하는 사건을 일으킵니다. 이것이 바로 9·11테러입니다. 세계무역센터빌딩이 붕괴되면서 수많은 사람이 죽거나 다쳤습니다. 초강대국 미국의 뉴욕과 워싱턴은 하루아침에 혼란에 빠집니다.

미국 대통령 조지 부시는 '미국에 대한 테러행위'로 간주하고 알 카에다에 보복을 천명하였습니다. 아프가니스탄에 군대를 투입하여 오사마 빈 라덴을 색출합니다. 결국 11월, 아프가니스탄은 미국에게 점령당했으나, 오사마 빈 라덴을 체포하지는 못했습니다. 그가 체포되어 사망한 것은 2011년, 파키스탄에서였습니다. 미국은 현재까지도 '테러와의 전쟁'을 벌이고 있습니다. 현재까지도 중동에서는 수많은 국제적인 분쟁이 일어나고 있습니다.

기술의 발달과 현대 사회의 과제

20세기가 들어서, 전 세계적으로 과학기술이 눈에 띄는 수준으로 발전했습니다. 대표적인 20세기 과학기술은 상대성 이론과 양자역학이 있습니다. 이 두 가지는 물리학에서 주로 사용되는 이론인데, 물리학자 아인슈타인이 수립한 이론이기도 합니다. 사실 이 이론이 발표될 때만해도 그냥 이론으로만 존재했지만, 원자력 시대에 접어들면서 핵무기와 인공위성이 만들어지면서 주목받게 되었습니다.

1957년 10월 4일, 소련이 스푸트니크라는 인공위성을 먼저 발사하면서 우주개발의 시대가 열렸습니다. 이어 1969년 인류 최초로 미국의 아폴로 11호가 달 착륙에 성공하면서, 우주개발에도 냉전 분위기가 짙게 깔렸습니다.

공학적으로는 유전공학도 이 당시 발달되었습니다. DNA, 다시 말해 유전자의 본체가 어떻게 생겼는지 밝혀졌으며, 시험관 아기와 복제양 둘리 등이 탄생되게 되었습니다. 이를 이용하여 장기이식도 가능해졌으며, 유전자 변형 농산물을 통해서 식량난도 해결할 수 있었습니다. 의학의 발전이 인류의 삶을 더욱 풍요롭게 만들

세계 최초의 인공위성 스푸트니크 1호

기 시작했습니다.

정보통신의 발달 역시 빼놓을 수 없습니다. 통신기술의 발달, 인
터넷, 컴퓨터, 스마트폰에 이어 현재 AI까지 과학기술은 끊임없이
발전하고 있습니다. 하지만 이런 이면에는 환경오염과 생태계 환
경변이가 문제시되고 있습니다. 지구는 점차 온난화로 몸살을 앓
고 있습니다.

1962년, 생물학자인 레이첼 카슨은 《침묵의 봄》에서, 병들어
가는 지구환경의 다양한 문제를 대중에게 널리 알렸습니다. 이는
다양한 환경법과 환경운동이 본격적으로 전개되는 계기가 되었습
니다. 1972년, 로마 클럽에서 인류파멸을 경고한 《성장의 한계》가
발간되었으며, 스톡홀름에서 국제연합이 주관하는 인간환경회의
가 열렸습니다.

그 결과, 세계적으로는 경제적·기술적 개발을 지속하면서도 생
태환경이 유지될 수 있는 발전을 지향해야 한다는 공동 개념이 등
장했습니다. 이 개념은 1992년, 브라질의 리우 회의에서 채택되었

습니다. 또한 기후변화협약으로 지구 온난화의 주범인 온실가스 배출을 줄이자는 협약도 체결되었습니다. 이를 위한 교토 의정서가 1997년에 체결하였습니다. 2015년, 파리협정은 선진국과 개발도상국 모두가 함께 기후협의를 논의한 협의였습니다.

그러나 아직도 세계 곳곳에서는 인종, 민족, 질병, 임금, 빈곤의 문제가 존재하고 있습니다. 또한 이념문제, 분단문제, 사회경제적 불평등 문제, 민주주의 갈등, 무역 갈등, 소외계층 문제, 인구문제, 윤리문제 등 많은 문제와 갈등은 여전합니다.

세계 근현대사 연표

1804년	나폴레옹의 황제 즉위로 제1제정 성립, 나폴레옹 법전 제정
1806년	베를린 칙령 선포
1812년	나폴레옹의 러시아 원정 실패
1814년	나폴레옹의 퇴위, 빈 회의 개최
1815년	워털루전투 패배로 나폴레옹의 두 번째 퇴위
1823년	미국의 먼로 선언
1829년	스티븐슨의 증기기관차 발명
1830년	프랑스의 7월 혁명 발발
1832년	영국의 제1차 선거법 개정
1840년	영국과 청나라 간의 아편전쟁 발발
1848년	프랑스의 2월 혁명 발발, 독일의 3월 혁명 발발, 공산당선언 발간
1851년	청나라의 태평천국운동 발생
1852년	나폴레옹 3세의 즉위로 제2제정 성립
1853년	크림전쟁 발발
1856년	파리강화조약의 체결로 크림전쟁 종결, 제2차 아편전쟁 발발
1857년	인도의 세포이 항쟁 시작
1861년	미국의 남북전쟁 발발
1861년	청나라의 양무운동 시작
1864년	청나라의 태평천국운동 진압
1865년	미국 남부의 항복으로 남북전쟁 종결
1869년	수에즈 운하 개통
1870년	보불전쟁 발발, 이탈리아 통일 왕국 성립
1871년	프랑스의 항복으로 보불전쟁 종결, 독일 제국 선포, 파리코뮌 수립
1875년	프랑스 제3공화국 성립
1882년	삼국동맹 체결
1894년	청나라와 일본 간의 청일전쟁 발발
1898년	파쇼다 사건 발생, 청나라의 변법자강운동 시작

1946~현재